JN024933

風味を活かした焼き菓子、生菓子から、ジャム、パフェ、かき氷、デザートまで。日本の柑橘品種図鑑付き

柑橘の
お菓子とデザート

A cake and dessert of the citrus fruit

江藤英樹 (unis)・金井史章 (INFINI)・木村琢朗 生井祐介 (Ode)・上妻正治 (Social Kitchen TORANOMON)・
厚東宣洋 (軽井沢ホテルブレストンコート)・古野さつき (thé et toi.)・小山千尋 (TiTRE)・杉江綾 (Ensoleillé)・
野田雄紀 (kiki harajuku)・堀尾美穂 (Florilège)・森郁磨 (L'atelier à ma façon)・山中さよこ (SUMI BAKE SHOP)

プロのノウハウと知識を徹底解剖。
レシピ制作の視点ががらりと変わる

誠文堂新光社

Contents

Chapter.2
柑橘の焼き菓子、生菓子、コンフィズリー

Chapter.3

柑橘のかき氷、パフェ、デザート

Contents

本書を使う前に

□各菓子・デザートで複数のパーツを「作りやすい分量」としている場合、必ずしも同じ個数の菓子・デザートに使う量ではありません。

□材料の生クリーム、チョコレートの（%）はそれぞれ乳脂肪分、カカオ分です。

□板ゼラチンは冷水で戻し、しっかりと絞ってから使用します。

□ボーメ30°のシロップは、グラニュー糖1.3：水1の割合で合わせて沸騰させ、グラニュー糖等を溶かして冷ましたものです。

□全卵は溶きほぐしたものです。

□材料は特に指定のある場合、商品名を記載しています。

□材料のみかんはとくに記載のない場合、温州みかんです。

□ミキサーはとくに記載のない場合、アタッチメントはホイッパーを使用します。

□液体を「沸かす」場合、沸騰させます。

□オーブンはとくに記載のない場合、加熱温度に予熱しておきます。

□オーブンの温度や加熱時間は目安です。オーブンの機種やクセに合わせて調整してください。

Chapter.1

柑橘の
基礎知識

果肉も皮も使える柑橘

世界中で愛され、菓子・デザートの材料としても人気の柑橘。
みずみずしい果肉だけでなく、加工に向き香りの豊かな外果皮も魅力です。
果肉や皮の特徴を詳しく見てみましょう。

外果皮 (フラベド)

果実を包む厚い皮の、外側の色がついた部分。表面に多数の油胞 (下記) がある。
＊本書レシピの材料で単に「皮」としているときは適度に中果皮 (下記) を除いた外果皮をさす。
＊本書レシピ中で香りを生かす目的で皮を削り用いるときは外果皮の表面を削る。

油胞

外果皮の表面に見られる、透き通った丸く小さな粒々の点。中には精油が入っており、柑橘の皮をむいたときに感じる爽やかな香りはこの精油によるもの。ほとんどの柑橘の精油が「リモネン」を主成分とし、微量の香り成分の組み合わせにより品種特有の香りが生まれている。精油は揮発性のため、生の外果皮を使用するときは提供直前に削る、切るなどすると香りが生きる。

中果皮 (アルベド)

外果皮の内側にある白いワタ状の部分。苦みがあり、食感にも影響するため、皮をコンフィチュールなどに使用するときは、どの程度のその苦みや食感を生かすかを考慮して中果皮を除く (あるいは残す)。
＊レシピ中の「ワタ」はアルベドをさす。

房 (じょうのう)

じょうのう膜 (下記) で包まれた果肉の房。1玉の房の数は品種によって傾向があり、個体ごとにも異なる。この中にさじょうが含まれる。

内果皮 (じょうのう膜)

果肉を包み込む白い袋。厚さやかたさは品種により異なり、これごと食べる場合食感や食べやすさに大きく関わるため、さじょう (果肉) の食感と同様その品種の好みを左右するポイントとなっている。
＊レシピ中の「薄皮」はじょうのう膜をさす。

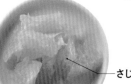

さじょう

房の中に詰まった果肉の粒々で、中に果汁が入っている。さじょうの食感は品種により特徴があり、品種の好みを左右するポイントにもなっている。

柑橘の起源と日本の柑橘

「柑橘」は植物学上、ミカン科ミカン亜科の、カンキツ属・キンカン属・カラタチ属の総称。
温州みかんをはじめとした、食用されるほとんどの柑橘はカンキツ属です。
多種多様な柑橘は、どこで生まれ、どのように広がっていったのでしょうか。

シトロンから始まった柑橘

世界で最初の柑橘は、インドの北東部、中国の南部で生まれた「シトロン」と考えられています。フランス語でレモンをシトロンと呼びますが、最初の「シトロン」はレモンとは別の柑橘です。シトロンは紡錘形で表面はごつごつとし、皮は厚く、果肉はわずか。このシトロンと、中国原産のマンダリンというミカン（温州みかんの祖先）、マレー諸島で生まれたとされる文旦の3種が、最初期の柑橘と考えられています。また、レモンはシトロンとマンダリン、オレンジはマンダリンと文旦、グレープフルーツは文旦とオレンジの交雑種という説が一般的です。

柑橘は、人や鳥などの動物によって徐々に遠くに運ばれました。その過程で別の柑橘と交配したり、ときに変異することで、新たな品種が生まれ、現在のように世界中でさまざまな品種が栽培されるようになったのです。

とくに中国ではミカンやオレンジが盛んに栽培されました。ヨーロッパに柑橘の木が渡った時期ははっきりとしていませんが、シトロンを信仰の対象としたユダヤ民族や、アジアから中東にかけて広い範囲で強い勢力を誇っていたアラブ民族などにより、シチリアやカラブリアに持ち込まれたと考えられています。シチリアはレモンが育つには不向きな気候だったものの、レモン栽培を産業とするため大規模な灌漑施設が作られたことで、盛んに栽培されるようになりました。

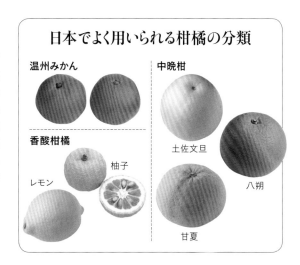

最古の柑橘「シトロン」の変種、仏手柑

柑橘の基礎知識 ● 果肉も皮も使える柑橘／柑橘の起源と日本の柑橘

日本の柑橘史は橘、橙、小みかんから

日本最古の在来柑橘は橘（たちばな）と言われ、魏志倭人伝（3世紀頃）にその名があります。遅れて中国から橙（だいだい）（サワーオレンジ）や小みかんが渡来。室町時代には九年母や文旦が、江戸時代にはスイートオレンジなどがもたらされ、交配や突然変異により日本の柑橘の種類が増えました。明治時代には外国品種の導入が進み、さらに昭和になると組織的な新品種育成が始まって多種多様な柑橘が生まれ、現在に至ります。なお、日本でおなじみの温州みかんは、紀州みかんと九年母の交雑で生まれた、日本由来の柑橘です。

日本の栽培柑橘はほとんどが温州みかん

柑橘の分類にはさまざまな考え方がありますが、日本ではしばしば、「温州みかん」「中晩柑」「香酸柑橘」の三つに分類されます。現在、日本で栽培・出荷されている柑橘の半分以上は温州みかんです。温州みかんは収穫時期により「極早生」「早生」「普通（中生・晩生）」に分けられ、各地の風土に合った品種が栽培されています。中晩柑は、温州みかん以外のほとんどの柑橘の総称で、たとえば文旦や八朔、甘夏、オレンジなどは中晩柑。香酸柑橘はレモンや柚子、すだちなど、香り高く酸味の強い柑橘の総称です。

日本でよく用いられる柑橘の分類

温州みかん

中晩柑

香酸柑橘

レモン

柚子

土佐文旦

八朔

甘夏

柑橘の品種と交雑

代表的な柑橘の近縁種グループ

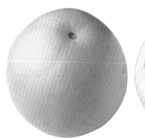

ブンタン類

ブンタンは東南アジア原産と言われ、最も古い柑橘の一つとされる。他グループに比べ果実が大きい傾向にあり、中果皮（ワタ）が分厚く果肉がしっかりとしている。
品種例：土佐文旦など

ミカン類（マンダリン、タンジェリン）

中国南部（インド北部）で発生したと言われ、その後中国で栽培が発展した柑橘グループで、外果皮の色が黄～橙色のものが「マンダリン」、橙～赤色ものが「タンジェリン」と呼ばれる。
品種例：温州みかん、ポンカン、シークワーサーなど

グレープフルーツ類

原種は西インド諸島のバルバドス島で最初に発見されたとされ、ブンタンとスイートオレンジの交配種という説がある。
品種例：マーシュ（ホワイト系）、スタールビー（ルビー系）

オレンジ類（スイートオレンジ、サワーオレンジ）

中国南部（インド北部）で生まれ、中国で栽培が発展した、マンダリンオレンジ（ミカン類）とブンタンの交配種という説のある柑橘グループ。甘みの強いスイートオレンジと酸味の強いサワーオレンジに大別される。
品種例：バレンシアオレンジ、橙など

キンカン類

中国で発生したと考えられ、江戸時代に日本に伝来。他グループに比べ果実が小粒。

シトロン類

インド原産で柑橘の中で最初に生まれたと言われるシトロンとその近縁種のグループ。写真は仏手柑。
品種例：シトロン、仏手柑など

ユズ類

中国原産で7世紀頃に日本に渡来したと考えられている。すだちはゆずの近縁種。

ライム類

インド北東部で発生したと考えられている。「メキシカンライム」と「タヒチライム」の二種に大別され、日本に輸入される大部分はメキシカンライム。

レモン類

レモンはヒマラヤ東部で発生したと考えられ、シトロンとサワーオレンジの交配種という説もある。日本での栽培品種は「リスボン」「ユーレカ」が多い。

新品種が生まれるには

　植物の新品種は、交雑（かけ合わせ）や突然変異により生まれ、交雑には虫などに花粉が運ばれ受粉する自然交雑と人間による人工的な交雑があります。

　左ページは、代表的な柑橘の近縁種グループです（品種の分類方法は諸説ある）。柑橘は近縁種間だけでなく、違うグループ間でも交雑しやすく、交雑種はそれぞれの親の特徴を受け継ぎます。なお、柑橘には発生経緯の不明な種も多く、交雑が繰り返されることで種の系統は複雑化するため、これからのグループにあてはめられない種は数多くあります。

自然発生した日本の独自品種

　日本は人工交雑が盛んですが、自然交雑や突然変異で生まれた独自種もあります。比較的なじみのある柑橘では、たとえば日向夏は1820年頃宮崎県宮崎市で、八朔は1860年に広島県の因島で、河内晩柑は大正時代に熊本市河内町で発生したとされます。夏みかんは1700年頃山口県に漂着した果実の種子から発生したと言われ、1953年頃にその枝変わり（※）の甘夏が発見されました。湘南ゴールドの親でもある黄金柑は、明治時代から鹿児島県の一部地域で知られてきた種。他にも、江戸時代に紀州（和歌山）の武家屋敷内で発見されたと言われる三宝柑や、各地の在来種など、日本独自の柑橘は多数あります。

※枝変わり…ある品種の木から別種の枝が生える突然変異。他の枝に比べて実が色づくのが早かったり、形が違うなどの特徴があると発見されやすい。

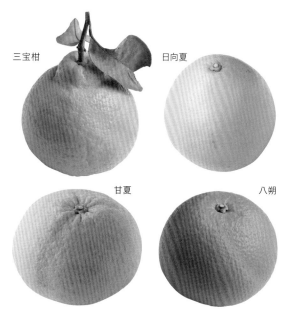

三宝柑　　日向夏　　甘夏　　八朔

柑橘の基礎知識 ● 柑橘の品種と交雑

新品種の開発と清見

　日本の柑橘品種には、清見（きよみ）との交配品種が多数あります（次ページ参照）。これは、清見が「単胚性」という性質を持っていることが理由の一つです。

　柑橘の種は、割ると中に「胚」があります。芽はこの胚から出るのですが、柑橘の場合多くの品種は一つの種の中に複数の胚を持ち、これを「多胚性」と呼びます。多胚性の場合、交雑させても交雑胚は一つしかできず、その他の胚は母親と同じ遺伝子を持ちます（クローン。珠心胚と呼ぶ）。また、珠心胚のほうが成長が旺盛なため、交雑胚は発芽前に淘汰されることもしばしば。そのため、多胚性の品種を母親として交雑した場合、両親の遺伝子を持つ種（胚）はほぼできません。

　一方で単胚性の品種を母親にして交雑した場合、一つの種の中にあるのは一つの交雑胚のみ。そのため、多胚性の品種の場合よりも、格段に効率的に新品種を生み出すことができます。

　清見の親である宮川早生（温州みかん）とトロピタオレンジ（スイートオレンジ）は、いずれも多胚性。この場合、交雑胚がほぼできないだけでなく、仮にできても、単胚性の遺伝子は多胚性に対し劣性のため、この交雑種が単胚性となる可能性はほぼゼロです。しかし、奇跡的に誕生した清見は単胚性。しかも食味も良好であったため、清見を母親とする多数の品種が作られたのです。

　新品種の開発には膨大な時間と労力がかかります。現在では遺伝子工学を取り入れたより効率的な品種開発も試みられていますが、清見の誕生が日本の柑橘史上に残るできごとであることは変わらないでしょう。

清見

国産柑橘の系統図（抜粋）

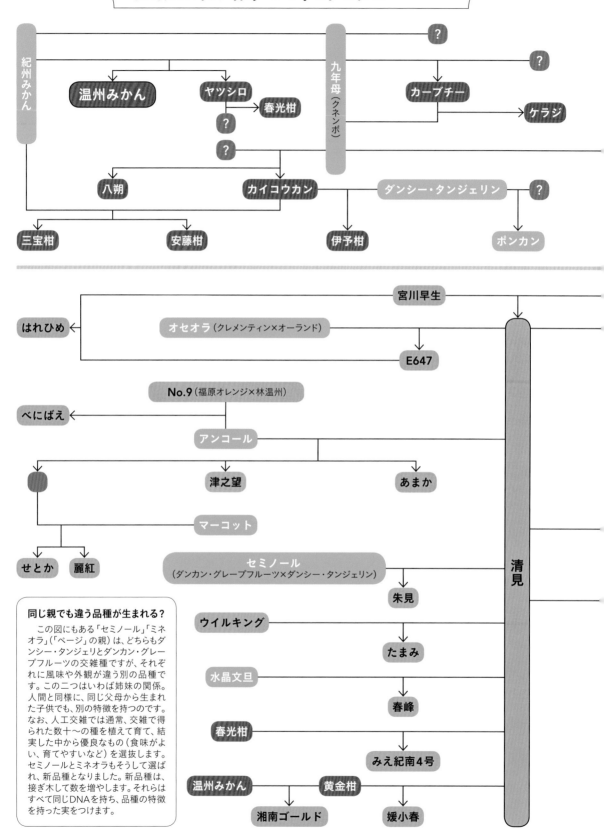

紀州みかん

温州みかん　ヤツシロ　→　春光柑
　　　　　　　　?

九年母（クネンボ）

?

?

カーブチー　→　ケラジ

?

八朔　　カイコウカン　　ダンシー・タンジェリン　　?

三宝柑　　安藤柑　　伊予柑　　ポンカン

宮川早生

はれひめ　←　オセオラ（クレメンティン×オーランド）

E647

No.9（福原オレンジ×林温州）

べにばえ　←

アンコール

津之望　　あまか

マーコット

せとか　麗紅

セミノール（ダンカン・グレープフルーツ×ダンシー・タンジェリン）

朱見

ウイルキング

たまみ

水晶文旦

春峰

春光柑

みえ紀南4号

温州みかん　　黄金柑

湘南ゴールド　　媛小春

清見

同じ親でも違う品種が生まれる？

この図にもある「セミノール」「ミネオラ」（「ページ」の親）は、どちらもダンシー・タンジェリとダンカン・グレープフルーツの交雑種ですが、それぞれに風味や外観が違う別の品種です。この二つはいわば姉妹の関係。人間と同様に、同じ父母から生まれた子供でも、別の特徴を持つのです。なお、人工交雑では通常、交雑で得られた数十〜の種を植えて育て、結実した中から優良なもの（食味がよい、育てやすいなど）を選抜します。セミノールとミネオラもそうして選ばれ、新品種となりました。新品種は、接ぎ木して数を増やします。それらはすべて同じDNAを持ち、品種の特徴を持った実をつけます。

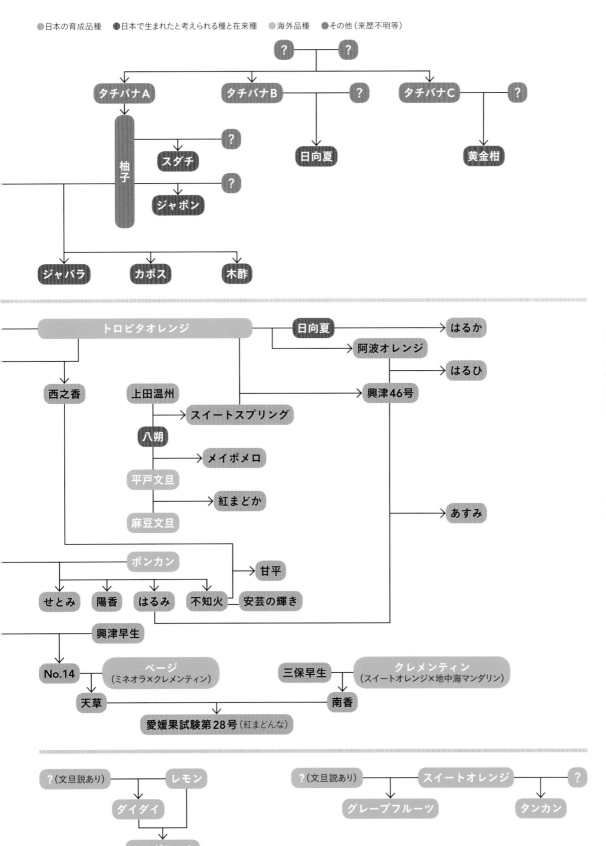

●日本の育成品種　●日本で生まれたと考えられる種と在来種　●海外品種　●その他（来歴不明等）

柑橘の基礎知識 ● 国産柑橘の系統図（抜粋）

風土に合わせた日本の柑橘栽培

柑橘栽培の中心は温暖な地域

日本の露地柑橘栽培の北限は、温州みかんで新潟、寒さに強い柚子でも岩手までと言われます。逆に、南は沖縄まですべての県で何らかの柑橘が栽培されています。全国生産量のほとんどを占めるのは温州みかんですが、各地では在来種や、気候風土に合わせた柑橘が栽培されており、独自の品種を開発している県もあります。

産地ごとに個性ある栽培品種

愛媛、和歌山、静岡、熊本。この4県で、全国の柑橘の7割ほどを生産しています。和歌山は温州みかんの割合が大きく、極早生から晩生までまんべんなく生産。同じく温州みかんがメインの静岡では、栽培のほとんどを占める青島みかんは晩生です。愛媛は栽培品種が多様で、育種にも積極的。熊本は不知火をブランド化したデコポンや、文旦系の晩白柚などの特産品をはじめとした中晩柑が多数。その他の県も、それぞれに栽培品種の特色が見られます。下記に在来種や特産品種の例を紹介します。

暖流が可能にしている佐渡の温州みかん栽培

新潟県佐渡島は、温州みかんの露地栽培北限。柚子栽培が中心の長野や福島よりも北に位置するが、島の南側を流れる対馬暖流の影響で、比較的温暖な気候で積雪が少ないため、温州みかんが栽培できる。ほとんどが島内で消費される。

全国ご当地柑橘マップ

（地図）北海道／青森／秋田／岩手／山形／宮城／新潟／福島／栃木／群馬／茨城／石川／富山／長野／埼玉／山梨／東京／千葉／神奈川／福井／岐阜／愛知／静岡／京都／滋賀／三重／奈良／大阪／兵庫／鳥取／島根／岡山／広島／山口／香川／徳島／高知／和歌山／福岡／佐賀／大分／長崎／熊本／宮崎／鹿児島／沖縄

- ●……温州みかんの生産量上位10県
- ●……下記で在来種や特産品種を紹介している県
- ●……下記で県の独自開発品種を紹介している県

気候変動で栽培地域や品種が変わる?

東北や甲信越は、露地の柑橘栽培は寒さに強い柚子が中心で、柚子の栽培北限は岩手県と言われている。しかし、近年の気候変動で、近い将来、温州みかんなどの栽培適地が北上すると考えられている。また、これまで温州みかんが栽培されてきた地域では、高温による栽培障害が発生する地域も。より高温に適した品種への切り替えも必要になるなど、栽培地と品種の変化が示唆されている。

山口
●長門ゆずきち
萩市の在来とされる香酸柑橘で、果汁が豊富。おもに長門市、萩市、下関市で栽培。

徳島
●すだち
古くから県内で栽培され、1970年頃から本格栽培が広がった。国内生産の9割を占める。

神奈川
●湘南ゴールド
黄金柑と温州みかん(今村温州)を交配した神奈川県のオリジナル品種。小田原市や秦野町で栽培。

鹿児島
●花良治みかん
●タンカン
タンカンは奄美大島や屋久島で栽培。花良治みかんは喜界島の在来種で、独特の華やかな芳香を持つ。

熊本
●デコポン　●晩白柚
デコポンは熊本県果実農業協同組合連合会が所有する不知火の登録商標。晩白柚は八代市が全国生産量の9割以上を占める。

佐賀
●元寇(げんこう)
唐津市の馬渡島(まだらじま)在来の香酸柑橘。甘味がありまろやか。

高知
●直七
広島県尾道市で発生したと言われる香酸柑橘で、高知県宿毛(すくも)市の特産。正式名称は田熊すだち。

兵庫(淡路島)
●鳴門オレンジ
淡路島原産で、トロピタオレンジと日向夏の交雑種とされる。香り高く、ほろ苦さがある。

沖縄
●シークワーサー
●カーブチー
ともに沖縄在来の香酸柑橘。シークワーサーは年末から年明けにかけて完熟果実も出回る。

宮崎
●日向夏　●へべす
日向夏は宮崎市で、へべすは日向市で発見されたとされる。へべすは酸味がやわらかな香酸柑橘。

大分
●かぼす
大分県の在来香酸柑橘。県の栽培奨励によって栽培面積が増え、全国生産量の9割以上を生産する。

愛媛
●紅まどんな　●甘平
愛媛県の育成品種。紅まどんなは愛媛果試第28号のブランド名でゼリー様の食感。甘平は独特の歯ごたえ。

和歌山
●じゃばら
三重県と奈良県の間に飛び地で位置する、北山村在来の香酸柑橘。名前は「邪気を払うほど酸っぱい」に由来。

柑橘の栽培サイクル（露地栽培の場合）

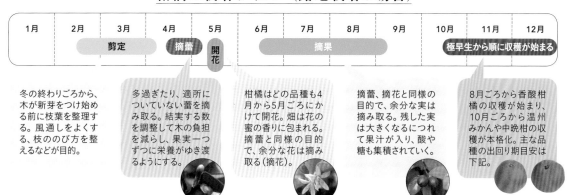

| 1月 | 2月 | 3月 | 4月 | 5月 | 6月 | 7月 | 8月 | 9月 | 10月 | 11月 | 12月 |

剪定　摘蕾　開花　摘果　極早生から順に収穫が始まる

冬の終わりごろから、木が新芽をつけ始める前に枝葉を整理する。風通しをよくする、枝ののび方を整えるなどが目的。

多過ぎたり、適所についていない蕾を摘み取る。結実する数を調整して木の負担を減らし、果実一つずつに栄養がゆき渡るようにする。

柑橘はどの品種も4月から5月ごろにかけて開花。畑は花の蜜の香りに包まれる。摘蕾と同様の目的で、余分な花は摘み取る（摘花）。

摘蕾、摘花と同様の目的で、余分な実は摘み取る。残した実は大きくなるにつれて果汁が入り、酸や糖も集積されていく。

8月ごろから香酸柑橘の収穫が始まり、10月ごろから温州みかんや中晩柑の収穫が本格化。主な品種の出回り期目安は下記。

主な品種の出回りカレンダー

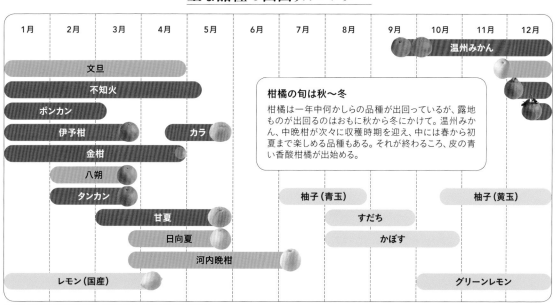

| 1月 | 2月 | 3月 | 4月 | 5月 | 6月 | 7月 | 8月 | 9月 | 10月 | 11月 | 12月 |

温州みかん
文旦
不知火
ポンカン
伊予柑　カラ
金柑
八朔
タンカン
甘夏
日向夏
河内晩柑
柚子（青玉）　柚子（黄玉）
すだち
かぼす
レモン（国産）　グリーンレモン

柑橘の旬は秋～冬

柑橘は一年中何かしらの品種が出回っているが、露地ものが出回るのはおもに秋から冬にかけて。温州みかん、中晩柑が次々に収穫時期を迎え、中には春から初夏まで楽しめる品種もある。それが終わるころ、皮の青い香酸柑橘が出始める。

参考文献／『柑橘の教科書』（NPO法人 柑橘ソムリエ愛媛）

柑橘の基礎知識 ● 風土に合わせた日本の柑橘栽培

柑橘の糖度と酸度

　糖度は果汁100mlに含まれる糖分の量で、10g／100mlであれば糖度10度。酸度は同じく果汁100mlに含まれるクエン酸量で、1g／100mlで酸度1%です。糖度と酸度のバランスは品種の特徴の一つで、たとえば、清見は糖度11～12度・酸度は1%程度。甘みが非常に強いとされるあすみは概ね糖度15度以上、酸度1%程度というデータがあります。柑橘は実が未熟な時期は酸度が高く、熟すにつれて酸度が下がっていきます。そのため、生産者はそれぞれに糖度と酸度のバランスが最適なタイミングを見極めて出荷しています。同じ品種でも生産者やその年の気候によって糖度・酸度は少しずつ変わりますが、ブランド柑橘には、独自に出荷時の糖度や酸度の基準を定めているものがあります。右はその例です。

一定の糖度や酸度を選果基準としているブランド柑橘例

デコポン、ゆめほっぺ

デコポンは糖度13度以上、酸度1%以下を基準としている。広島県の独自品種せとみは、デコポン（不知火）と同じ清見とポンカンの交配種で、糖度13.5度以上、酸度1.35%以下をクリアしたものに「ゆめほっぺ」のブランド名をつけている。

甘平

愛媛県が育成したブランド品種。最高級ランクのものは糖度13%以上を基準の一つとしている。

濃媛（こいひめ）

愛媛県が育成したブランド柑橘。基準は糖度14度以上、酸度も1.1%以上と定め、強い甘みとのバランスをとる。

本書で使用した主な柑橘

※出回り期は目安です

古くからあるみかん類、オレンジ類

九年母 （くねんぼ）
果肉は鉄を感じさせるややクセのある味わい。琉球王国から渡来したと言われる古い柑橘で、紀州みかんや柑子とともに江戸時代まで日本の主要品種だった。温州みかんの他、八朔やかぼす、じゃばら、カーブチーなど様々な柑橘の親。
出回り期…1〜3月

橙 （だいだい）
インド原産と言われる古くからの品種。酸味が豊富なことから果汁はポン酢としてもおなじみ。名前は、新しい果実と前の年になった果実が同じ木に見られる「代々」から、縁起物としてしめなわなどの飾りにも用いられてきた。
出回り期…11〜1月

タンカン
スイートオレンジの雑種。ジューシーで薄皮が非常にやわらかく、コクのある甘みと爽やかな酸味をもつ。台湾や中国南部など温かい地域で栽培が盛ん。日本では鹿児島や沖縄、宮崎などで栽培されている。
出回り期…2〜3月

バレンシアオレンジ
ポピュラーなスイートオレンジの一つで、皮が薄く種が少なく、爽やかな酸味とみずみずしさは生食の他ジュースに最適。1879年頃イギリス人が大西洋の島で入手。苗木がアメリカに渡り、盛んに栽培されるようになった。
出回り期…(国産)6〜7月

ブラッドオレンジ
果肉の深い褐色は、ポリフェノールの一種であるアントシアニンによる。独特のコクと爽やかな酸味があり、日本では「モロ」と「タロッコ」の二種が栽培されている。イタリアのシチリアまたはマルタ発祥とされ、1973年に愛媛県が導入した。
出回り期…1〜4月

文旦・グレープフルーツ

土佐文旦
高知県特産の文旦で、国内で出回る文旦の中でもっともポピュラー。ぷりっとした食感で、さっぱりとした甘みと酸味に、ほろ苦さがある。露地ものに先駆けてハウス栽培のものが11月〜翌1月頃出回る。
出回り期…2〜4月

グレープフルーツ
ジューシーでほろ苦く、さっぱりとした味わい。主に南アフリカやアメリカなどからの輸入ものが流通しているが、近年少量だが国産も出回るようになってきた。名前は、一枝に多数の実をつける様子がブドウに似ていることから。
出回り期…(国産)3〜4月

品種育成で生まれた柑橘

清見
日本で初めて生まれた、早生温州みかんとスイートオレンジのかけ合わせ品種。果汁が豊富で濃厚な甘酸っぱさを持ち、香りが高い。食用として人気がある一方、育種の親としても優秀で、多数の品種を生んでいる（p.9）。
出回り期…3〜5月

カラマンダリン（カラ）
温州みかんと海外のマンダリンの交雑種で、アメリカのカリフォルニア大学で育成され、その後日本に導入された。果肉がやわらかく、強い甘みとバランスのよい酸味。初夏に出回る数少ない柑橘の一つ。
出回り期…4〜5月

紅まどか
文旦同士の交雑種で、非常に厚い皮と淡くピンクがかった果肉が特徴的。さじょうがほぐれやすく、さくさくとした食感。やさしい甘みで、酸味はやわらかい。収穫後追熟させるため、皮がしなびた頃が食べ頃となる。
出回り期…1〜2月

不知火
清見とポンカンの交雑種で、甘みが強くジューシー。かたそうな見た目に反して、皮は手でむけるくらいにやわらかく、薄皮もやわらか。不知火のうち、一定の基準をクリアしたものにデコポンの登録商標が使われている。
出回り期…(ハウス)12〜2月(露地)2〜5月

春峰
清見と水晶文旦の交雑種。和歌山県で生まれ、栽培もほぼ和歌山県内。文旦のぷるんとした食感と、清見のコクと味わいのよさをあわせ持ち、さっぱりとした後味。八朔より小さいくらいのサイズ感。
出回り期…1〜3月

湘南ゴールド
黄金柑と温州みかん(今村温州)の交雑種で、神奈川県のオリジナル品種。香りが高く、果肉はやわらかくジューシー。
出回り期…3〜4月

せとか
清見とアンコールをかけ合わせた口之津37号という品種に、マーコットをかけ合わせた柑橘で、果汁が豊富で濃厚な味わい。
出回り期…2〜3月

セミノール
ダンシー・タンジェリンとダンカン・グレープフルーツの交雑種で、甘みと酸味のバランスがよく、果汁が豊富。
出回り期…4〜5月

金柑

金柑
中国から江戸時代以前に渡来したと考えられており、皮がやわらかく濃厚な風味で、丸ごと生食もされる。種が少ない品種や甘みの強い品種もある。鹿児島や宮崎、熊本が主な産地。
出回り期…1〜4月

日本在来や日本で自然発生した品種

温州みかん

日本で最も多く栽培されている柑橘。収穫時期の早い順に極早生、早生、普通（中生・晩生）があり、極早生は酸味が強く、早生、中生、晩生となるにつれ酸味が和らぐ傾向がある。九年母と、江戸時代の主要品種だった紀州みかんの交雑。

出回り期…7〜8月（ハウス）、9月（極早生）〜1月（普通）

夏みかん

強い酸味が特徴。江戸時代に山口県長門市の青海島に流れ着いた種を育てたのが最初とされる。隣の萩市で、明治維新により働き口に困った士族の救済策として本格的な経済栽培が始まり、特産品となった。正式名は「夏橙」。

出回り期…4〜5月

三宝柑

名前は江戸時代に和歌山城主への献上品とされたことに因み、種が多いことから多産の縁起物とされた。温州みかんより一回り大きく、皮が厚く安定感のある形から、中身をくり抜いて日本料理の器に使われることも。

出回り期…2〜4月

日向夏

1820年頃宮崎県で発生したとされる品種。宮崎県産は日向夏と呼ばれるが、産地により「小夏」、「ニューサマーオレンジ」など呼び名が変わる。さっぱりとした甘さで、食感はやわらか。厚いワタごとカットすると適度な苦味も楽しめる。

出回り期…3〜5月

八朔

広島県の因島で発生したと言われ、九年母の交雑種と考えられている。さじょうがほぐれやすく、バランスのよい甘みと酸味、ほのかな苦味があり、独特のさっぱりとした風味。

出回り期…1〜4月

黄金柑

タチバナの交雑種と考えられており、明治時代から鹿児島県の一部地域で知られてきた。温州みかんよりも一回り小さく、南国を彷彿とさせる濃い甘みと酸味、爽やかな香りで、果肉はやわらかい。別名ゴールデンオレンジ。

出回り期…1〜4月

春光柑

和歌山県で栽培が始まった柑橘で、新宮市出身の文豪佐藤春夫が名づけた。酸味は少なく、繊細で品のよい香りと甘みがある。栽培は和歌山県の他、三重県でもされている。

出回り期…3月（〜4月上旬）

河内晩柑

大正時代に熊本の河内町で発生した、文旦の交雑種と考えられている。外皮が厚く、果肉は爽やかなやさしい甘み。春から夏にかけて出回る数少ない柑橘の一つで、「夏文旦」「宇和ゴールド」などいくつもの呼び名がある。

出回り期…3〜7月

香酸柑橘

レモン

写真上からレモン、マイヤーレモン、ピンクレモネード。マイヤーレモンはレモンとオレンジの交雑と考えられており、酸味が穏やかで果汁が豊富。ピンクレモネードは見た目がユニークで、味わいはふつうのレモンに近い。

出回り期…1〜4月

柚子、すだち、かぼす

寒さに強い柚子は日本各地で栽培され、食卓で親しまれてきた。すだち、かぼすともに柚子の交雑種と考えられている。写真はすだち（上）と柚子。

出回り期…（青柚子）7〜8月（黄柚子）10〜12月（すだち）露地8〜9月（かぼす）露地8〜10月

こぶみかん

一般に、特有の強い香りを持つ葉が出回っている。少量だが国内でも栽培されており、皮や果肉にも葉に近い香りがある。

出回り期…（国産・実）8〜10月

ライム

スパイシーで華やかな香りを持つ。輸入ものが多いが、愛媛や鹿児島などで栽培された国産ものもある。

出回り期…（国産）10〜11月

仏手柑

外果皮の華やかで繊細な香りが持ち味。中にさじょうはなく、すべてワタ。

出回り期…（国産）12〜2月

フィンガーライム

オーストラリア原産で、丸い粒状のさじょうが詰まっている。ピンクやグリーンなど複数の色があり、色ごとに風味が異なる。国内でも栽培されている。

出回り期…（国産）8〜10月

ベルガモット

レモンと橙の交雑種で、他ない華やかな香りを持つ。精油はアールグレイ茶葉の香料となる。国内でも高知県などで栽培されている。

出回り期…（国産）12〜2月

甘夏

1935年頃発見された、夏みかんの枝変わり（p.9）。酸味がしっかりとしているが、ほどよい甘みがありジューシーで食べやすいため、夏みかんに代わり広く栽培されるようになった。正式名「河野夏橙」だが、生産者の間では「紅甘夏」「田の浦（サンフルーツ）」などを総じて甘夏と呼ぶこともある。

出回り期…3〜5月

はるか

日向夏と夏みかんの自然交雑種。1980年頃福岡県糸島で農家が発見し、育成。やさしい甘みで酸味がほぼなく、香りは爽やか。

出回り期…2〜3月

品種の個性と生産者の技術

「柑橘生産者の間では昔から、品種にまさる技術なし、と言われているんです」と、紀州原農園の園主・原拓生さん。和歌山県田辺市にある農園では、県の特産である温州みかんをはじめ、50種以上の柑橘を育てています。
「柑橘の糖度や酸度は、栽培技術である程度コントロールできます。ですが、日本の柑橘育種技術は世界の中でも高く、膨大な掛け合わせの結果選抜された品種は、それぞれに独自の味のよさ、特徴があります。それならば、たとえば、あるオレンジの交雑種の糖度を技術で0.5度上げようと努力するよりも、もともと糖度が1度高くつくられた品種を育てたほうがいい。その分、生産者は木の手入れに集中できます。だから、育種はとても大事なんですよね。生産者はよいと思う品種を選んで、そのうえで、より理想の味わいに近づけるよう工夫します。これが栽培技術です。
　でも実は、温州みかんは、海外の甘みが強い品種などに比べて、もともと甘みのポテンシャルはそんなに持っていません。今のみかんは甘いですよね?　それは、日本の技術の結晶だと思います。たとえば、実にたっぷりと栄養がいくように、剪定して葉の光合成能力を高めたり、収穫の前に水分を吸わせないようにして果汁を凝縮させて、糖度を上げたりします。こうした昔ながらの技術に加え、今は科学を取り入れて、植物生理にもとづき樹勢（木の勢い）や結実性をコントロールするため植物のホルモンを利用した栽培を行う農家も増えてきました。まだ解明されていない部分も多いとは思いますが、植物は枝先が上を向いているときは、枝を伸ばして大きくなろうとするホルモンが多く出ている活動的な状態で、逆に枝がたれているのは、子ども（実）を作るホルモンが多く出ている、落ち着いた状態だとする研究があります。それをもとに、枝に傷をつけることで、樹勢や結実性をコントロールする方法も考案されています。ホルモンバランスは、木の成長や、実の味にも影響すると考えられ、私もこうした情報を参考にして、自分なりに試すこともあります。
　時代の流れとともに、栽培技術は変化、進化しますが、いろいろある中でも柑橘栽培で重要なのは、おいしい実をつくる技術と、毎年一定以上の収穫量を得る技術です。柑橘は実がたくさんつく年と、あまりつかない年を繰り返す隔年性が強い果樹で、そのばらつきをいかに小さくするかは、味づくりと同等に重要です。さらに、柑橘には多くの品種があり、品種は人間の個人と同じで、育ち方、実のつけ方、味、すべて個性が違います。だから、木を知り品種を知ることは、栽培技術以前に欠かせないのです」

（左）原農園である年の12月になった柑橘の一部。和歌山の特産である温州みかんの他、八朔、甘夏などおなじみの柑橘、不知火など近年人気の品種、ベルガモットなどの外国品種まで、栽培品種の数も多様さも国内有数。原さんはその個性的な柑橘たちを「学校に50人生徒がいるようなもの」と話す。（下）紀州原農園で育てている、和歌山にゆかりの深い品種。上から、和歌山生まれの春光柑、江戸時代に徳川藩邸から見つかったと言われている三宝柑、同じく江戸時代に和歌山で盛んに栽培された紀州みかん。

三宝柑

春光柑

紀州みかん

Chapter.2

柑橘の焼き菓子、
生菓子、
コンフィズリー

タンカンのタルト

SUMI BAKE SHOP

奄美大島産のジューシーなタンカンをふんだんに使ったタルト。
薄皮がごく薄く果肉の食感を損ねないため、
薄皮ごと大ぶりにカットしてそのおいしさを楽しんでもらう。
ピールの甘煮もアクセントに使用し、香り豊かに仕上げる。

甘夏とジャスミンクリームのタルト

SUMI BAKE SHOP

すっきりとしたフレッシュな甘夏の上に、ジャスミン茶葉を混ぜ込んだ
クリームをたっぷり絞り、エキゾチックな香りとわずかな渋み、苦みを添えた。
タルトはアーモンドクリームとともに金柑のコンフィを焼き込み、柑橘の風味を重ねている。

柑橘の焼き菓子、生菓子、コンフィズリー ● タルト

タンカンのタルト

シュクレ生地

材料(作りやすい分量)

A
- 無塩バター(冷たいもの) …… 360g
- 粉糖 …… 370g
- アーモンドパウダー …… 150g

B
- 卵黄 …… 120g
- 牛乳 …… 25g

C
- 塩(ゲランド) …… 6g
- 薄力粉(エクリチュール) …… 570g
- 強力粉(カメリヤ) …… 150g

作り方

1 **A**を合わせてフードプロセッサーで撹拌し、細かい粒状にする。
2 **B**を混ぜ合わせて**1**に加え、混ぜる。
3 **C**をボウルに合わせて**2**を加え、カードで切るように混ぜる。
4 **3**を1/3量(一度に撹拌できる量)ずつフードプロセッサーで撹拌しなじませ、すべてをボウルに入れて一つにまとめ、ラップで包み、冷蔵庫で最低1時間やすませる。
5 **4**を3mm厚さにのばし、直径8cmのタルトリングに敷き込んで重しを入れ、170℃のオーブンで13分焼く。重しを外し、さらに3分焼く。

クレームダマンド

材料(作りやすい分量)

無塩バター …… 1kg(室温に戻す)
黒砂糖(甘夏とジャスミンクリームのタルトはきび砂糖) …… 900g
全卵 …… 1kg
アーモンドパウダー …… 1kg

作り方

1 ボウルにバターを入れ、ミキサー(ビーター)で練る。
2 **1**に黒砂糖を数回に分けて加え、白っぽくなるまでさらに混ぜる。
3 全卵を湯煎で人肌程度に温め、**2**に少しずつ加え、そのつど混ぜてしっかりと乳化させる。
4 **3**にアーモンドパウダーを加え、なじむまで混ぜる。

タンカンピール

材料(作りやすい分量)

タンカン …… 5個
グラニュー糖 …… 皮の重量の40%程度(果汁の甘さにより調整)

作り方

1 タンカンは皮をむき、果汁を絞る。果汁は取りおき、皮は3回ゆでこぼす。
2 鍋に**1**の皮、グラニュー糖、ひたるくらいのタンカン果汁を入れ(果汁が少なければ分量外の水を足す)、中火で煮る。
3 水分が減ってきたら弱火にし、焦げないように炊いていく。
4 水分がとんだら、網の上に一枚ずつ並べ、乾かす。

タンカンピールのクリーム

材料(作りやすい分量)

生クリーム(35%) …… 350g
グラニュー糖 …… 24.5g
サワークリーム …… 70g
タンカンピール(上記参照) …… 50g

作り方

1 タンカンピールは細かく刻む。
2 ボウルに生クリームとグラニュー糖を入れ、九分立てにする。
3 別のボウルにサワークリームを入れ、ゴムベラでやわらかくなるまで練る。
4 **3**に**2**を数回に分けて加えて混ぜ、**1**を加えて混ぜる。

その他

タンカン果肉、ミント

⊸ *Assembly* ⊱

1 から焼きしたシュクレ生地にクレームダマンドを詰め(1台あたり30g)、細く切ったタンカンピールを埋め込み、170℃のオーブンで15〜18分焼き、冷ます。
2 **1**にタンカンピールのクリームを少量絞り、房状に切り取ったタンカン果肉を並べる。
3 クネルしたタンカンピールのクリームを中央にのせる。ミントを飾る。

甘夏とジャスミンクリームのタルト

シュクレ生地

p.20を参照し、直径8cmのタルトリングに敷き込み、から焼きする。

その他

甘夏果肉、ピスタチオ

クレームダマンド

p.20参照

ジャスミンクリーム

材料(作りやすい分量)
生クリーム(35%) …… 500g
ジャスミン茶葉 …… 10g＋5g
グラニュー糖 …… 適量

作り方

1　鍋に生クリームを入れて火にかけ、沸騰直前まで温める。ジャスミン茶葉10gを加えて火を止め、蓋をして10分ほどおく。漉して冷ます。
2　ジャスミン茶葉5gは挽く。
3　1をボウルに漉し入れ、その重量の7%のグラニュー糖、2を加えて八分立てにする。

金柑コンフィ

p.29参照

みかんパウダー

よく洗ったみかんの皮を乾燥させ、ミルで撹拌する。自然乾燥または70℃のコンベクションオーブンでカリカリになるまで乾燥させる。

Assembly

1　から焼きしたシュクレ生地にクレームダマンドを詰め(1個あたり30g)、金柑コンフィを埋め込み(1個あたり1/2個分)、170℃のオーブンで15〜18分焼き、冷ます。
2　1の中央に房状に切り取った甘夏果肉を2房分ほど並べる。
3　2の上にサントノーレ口金でジャスミンクリームを波状に絞る。縁に刻んだピスタチオを飾り、クリームの半分にみかんパウダーをふる。

柑橘の焼き菓子、生菓子、コンフィズリー　●　タルト

TARTS of
CHAWENG BEACH

thé et toi.

グレープフルーツの快活な色と味わいのイメージを、
明るい砂浜と遠浅の海が美しいタイのサムイ島チャウエンビーチに重ねた。
食材の組み合わせはthé et toi.古野氏が親しんだタイ風サラダに着想を得たもの。
クリームは柑橘に寄り添う酸味をきかせ、
シュクレ生地は食感のバランスと食べやすさから底のみに敷く。

シュクレ生地

材料（作りやすい分量）
無塩バター …… 480 g（室温に戻す）
粉糖 …… 350 g
全卵 …… 120 g
バニラオイル …… 10滴
A ┌ 薄力粉 …… 700 g
　└ 全粒粉 …… 100 g
＊Aは合わせてふるっておく。

作り方
1　ボウルにバターを入れて泡立て器でほぐし、粉糖を加えて白っぽくなるまですり混ぜる。
2　1に全卵を3回に分けて加え、そのつど均一に混ぜる。バニラオイルを加えて混ぜる。
3　2にAを加え、ゴムベラで均一に混ぜる。

クレームダマンド

材料（作りやすい分量）
無塩バター …… 450 g（室温に戻す）
粉糖 …… 387.5 g
全卵 …… 437.5 g
コアントロー …… 37.5 g
バニラオイル …… 10滴
A ┌ アーモンドパウダー …… 450 g
　│ 薄力粉 …… 75 g
　└ コリアンダーパウダー …… 18.75 g
＊Aは合わせてふるっておく。

作り方
1　ボウルにバターを入れて泡立て器でほぐし、粉糖を加えて白っぽくなるまですり混ぜる。
2　1に全卵を3回に分けて加え、そのつど均一に混ぜる。コアントローを加えて均一に混ぜ、さらにバニラオイルを加えて混ぜる。
3　2にAを加え、均一に混ぜる。

クリーム

材料（作りやすい分量）
クリームチーズ …… 250 g　　生クリーム …… 400 g
グラニュー糖 …… 50 g　　パクチー（生）…… 15 g
コアントロー …… 40 g　　白コショウ …… 5 g

作り方
1　ボウルにクリームチーズを入れ、ゴムベラでやわらかく練る。
2　グラニュー糖、コアントローを順に加えて均一に混ぜる。
3　八分立てにした生クリームを2に加え、混ぜる。
4　みじん切りにしたパクチー、挽いた白コショウを3に加え、よく混ぜる。

その他

ピーナッツ、グレープフルーツ果肉、ナパージュ、パクチー、ピンクペッパー

✦ *Assembly* ✦

1　シュクレ生地は4mm厚さにのばし、直径7cmの円形に抜く。シルパットを敷いた天板に並べて170℃のオーブンで9分から焼きする。
2　1のシュクレ生地にそれぞれ直径7cmのセルクルをセットし、生地の上にクレームダマンドを55gずつ絞り入れて平らにならす。
3　2のクレームダマンドの上にピーナッツを8粒ずつ円形にのせ、160℃のオーブンで27分焼く。
4　冷ました3にクリーム25gをのせる。クリームを覆うように、皮から取り出して薄切りにしたグレープフルーツ果肉を5〜7切れのせる。
5　グレープフルーツにナパージュをぬり、パクチー、ピンクペッパーを添える。

柑橘の焼き菓子、生菓子、コンフィズリー　●　タルト

クロモジのタルト

TiTRE

柑橘のような清涼感のある、クロモジの香りのアパレイユをたっぷりと詰めたタルト。
その香りを引き立てるように、爽やかながら香りの立ち過ぎない
フレッシュな甘夏と八朔のジャムを合わせ、
酸味と苦みでマイルドなアパレイユとの味のバランスをとる。

サブレ生地

材料（作りやすい分量）
無塩バター …… 288 g（室温に戻す）
粉糖 …… 144 g
A ┌ 全卵 …… 43 g
 ├ 卵黄 …… 20 g
 └ 塩 …… 1 g
薄力粉 …… 500 g
＊Aは混ぜ合わせておく。

作り方
1 フードプロセッサーにバター、粉糖を合わせて撹拌し、均一にする。
2 Aを数回に分けて加えてさらに撹拌し、乳化させる。
3 2をボウルに移し、薄力粉を加えてゴムベラでさっくりと合わせる。まとめてラップで包み、1時間以上ねかせる。
4 3を2mm厚さにのばし、直径7cm、高さ2cmのセルクルに敷き込み、165℃のオーブンで20分焼く。

八朔のジャム

材料（作りやすい分量）
八朔果肉 …… 適量
グラニュー糖 …… 八朔果肉の重量の40%
オレンジコンサントレ …… 適量

作り方
1 鍋に八朔果肉、グラニュー糖を合わせて火にかけ、ジャムを炊く。
2 炊き上がりを計量し、その10%のオレンジコンサントレを加え、混ぜる。

クロモジアパレイユ

材料（作りやすい分量）
牛乳 …… 350 g
クロモジの枝 …… 10 g
卵黄 …… 206 g
グラニュー糖 …… 206 g
板ゼラチン …… 10.6 g（水で戻す）

作り方
1 鍋で牛乳を沸かし、クロモジの枝を加えて火を止め、蓋をして10分風味を移す。
2 ボウルに卵黄、グラニュー糖を合わせて泡立て器ですり混ぜる。
3 2に1を加えて混ぜ、鍋に戻して火にかけ、83℃まで炊く。
4 ゼラチンを加えて混ぜ、漉して冷蔵庫で冷やす。

その他

甘夏果肉
グラニュー糖

✣ *Assembly* ✣

1 サブレ生地に八朔のジャムを入れて底いっぱいにのばし、その上に食べやすい大きさに割った甘夏果肉を並べる。
2 1の上にクロモジアパレイユを流し入れてすり切る。
3 アパレイユの上にグラニュー糖をふり、バーナーでキャラメリゼする。

柑橘の焼き菓子、生菓子、コンフィズリー ❋ タルト

MIDNIGHT EXPRESS
金柑とゴルゴンゾーラの
ラスティックタルト

thé et toi.

金柑コンポートの甘苦さとゴルゴンゾーラの塩気の、やみつきになる味わい。
組み合わせの妙をダイレクトに楽しめ、カジュアルにほおばることもできるよう、
ブリゼ生地を薄くフラットに焼いて具の割合を多くした。アルコールとも相性がよい一品。
菓子名の「深夜特急」は、日本とイタリアの素材を使い、「東洋から西洋に、何でもあり」なことから。

ブリゼ生地

材料(作りやすい分量)
無塩バター …… 450g
薄力粉 …… 500g
全粒粉 …… 100g
グラニュー糖 …… 36g
冷水 …… 225g

作り方
1 バターは適当な大きさにカットし、冷水以外の材料とともにフードプロセッサーにかけ、サラサラの状態にする。
2 1をボウルに移し、冷水を加えてカードで切り混ぜ、一つにまとめてラップで包み、冷蔵庫で一晩おく。
3 2を4mm厚さにのばし、15cm×40cmの長方形にカットする。シルパットを敷いた天板にのせ、200℃のオーブンで17分焼く。

クレームダマンド

材料(作りやすい分量)
無塩バター …… 450g(室温に戻す)
粉糖 …… 387.5g
全卵 …… 437.5g
ラム酒 …… 37.5g
バニラオイル …… 10滴
A [アーモンドパウダー …… 450g
  [薄力粉 …… 75g
＊Aは合わせてふるっておく。

作り方
1 ボウルにバターを入れ、粉糖を加えて泡立て器で白っぽくなるまですり混ぜる。
2 1に全卵を3回に分けて加え、そのつど均一に混ぜる。ラム酒を加えて均一に混ぜ、さらにバニラオイルを加えて混ぜる。
3 2にAを加えて均一に混ぜる。

金柑コンポート

材料(作りやすい分量)
金柑 …… 1kg
上白糖 …… 500g
水 …… 適量

作り方
1 金柑はヘタを取り、半割りにして種を取る。
2 鍋に1、上白糖、ひたひたの水を入れて火にかけ、アクを取りながら金柑がやわらかくなるまで煮てそのまま冷ます。

その他

ゴルゴンゾーラチーズ、ナパージュ、粉糖、ピンクペッパー、タイム

❧ *Assembly* ☙

1 から焼きしたブリゼ生地をシルパットを敷いた天板にのせ、生地の上にゴルゴンゾーラチーズ65gをちぎって散らす。
2 1の上にクレームダマンド230gをのせ、生地の長辺のフチを残してのばす。
3 2の上に金柑コンポート500gを並べる。160℃のオーブンで32分焼く。
4 冷めた3の金柑コンポートにナパージュをぬり、長辺の端に粉糖をふる。カットし、ピンクペッパー、タイムを添える。

タンカンと金柑の薄焼きタルト

SUMI BAKE SHOP

サクサクのブリゼ生地にみかんジャムをぬり、みずみずしいタンカン、
凝縮感のある金柑のコンフィをのせて焼き込んだ柑橘づくしのタルト。
手で気軽に食べられるスタイルで、ピスタチオとクランブルの軽快な食感が生きる。

ブリゼ生地

材料（作りやすい分量）

A
薄力粉（エクリチュール）…… 240g
強力粉（カメリヤ）…… 240g
きび砂糖 …… 40g
塩（ゲランド）…… 10g

無塩バター（冷たいもの）…… 280g

B
全卵 …… 120g
牛乳 …… 30g

＊Bの全卵は溶きほぐし、牛乳と混ぜ合わせておく。

作り方

1 バターは1cm程度の角切りにし、Aとともにボウルに入れてざっと合わせる。
2 1をフードプロセッサーで撹拌し、バターをそぼろ状にする。
3 2をボウルに移し、Bを加えてカードで切るように混ぜる。
4 まとまってきたら使いやすい分量に分けてラップで包み、冷蔵庫で最低1時間やすませる。

金柑コンフィ

材料（作りやすい分量）
金柑 …… 正味300g
グラニュー糖 …… 60g
水 …… 適量

作り方

1 金柑はヘタを取って半分または1/4に切り、種を取って鍋に入れる。グラニュー糖、ひたひたの水を加えて火にかけ、沸騰したら弱火にして20分煮る。

みかんジャム

材料（作りやすい分量）
みかん …… 3kg（種を除いた薄皮つき）
グラニュー糖 …… 900g（みかんの甘みにより調整）
レモン果汁 …… 40g

作り方

1 みかんはハンドブレンダーで撹拌する。
2 1を鍋に入れて中火にかけ、沸騰してきたら再びブレンダーで撹拌する。
3 グラニュー糖、レモン果汁を加え、アクを取りながらグツグツと半量くらいまで煮詰める。

クランブル

材料（作りやすい分量）
薄力粉（エクリチュール）…… 50g
アーモンドパウダー …… 50g
黒糖 …… 35g
きび砂糖 …… 35g
無塩バター（冷たいもの）…… 50g
塩（ゲランド）…… 1g

作り方

1 バターは1cm角に切り、残りの材料とともに大きめのボウルに入れる。
2 1をカードで切り混ぜながら全体をなじませたら、指先ですり合わせるように混ぜ、そぼろ状にする。

その他

タンカン、ピスタチオ

⇜ *Assembly* ⇝

1 ブリゼ生地を3mm厚さにのばし、直径14cmよりもひとまわり大きな円形にカットする（90g程度）。フチを折って直径14cmにし、ピケをして冷蔵庫で最低30分やすませる。
2 シルパンを敷いた天板に1をのせて重しをのせ、180℃のオーブンで15分から焼きする。
3 タンカン1個の皮をむき、横に5mm厚さにスライスする。
4 2にみかんジャムをぬり、その上に3を並べ、1/4にカットした金柑コンフィ、クランブルをのせる。180℃のオーブンで25〜30分焼く。刻んだピスタチオを飾る。

柑橘の焼き菓子、生菓子、コンフィズリー ● タルト

29

タルトシトロンベルガモット

INFINI

定番のフランス菓子タルトシトロンのレモンクリームに、
土佐ベルガモット果汁とベルガモットの皮を加え、香り高く複雑な印象に。
中に仕込むビスキュイにはベルガモットではなくレモンのジャムをぬり、香りに変化をつける。

シュクレ生地

材料（作りやすい分量）

無塩バター …… 90 g

粉糖 …… 50 g

全卵 …… 26 g

A［
アーモンドパウダー
…… 18 g
薄力粉 …… 130 g
塩 …… 0.4 g
］

＊Aは合わせてふるっておく。

作り方

1 ボウルにバター、粉糖を合わせてミキサー（ビーター）で混ぜ、全卵を少しずつ加えて均一に混ぜる。

2 Aを加えてゴムベラでさっくりと合わせ、ラップで包み、冷蔵庫で一晩やすませる。

3 2を1.5mm厚さにのばし、6.5cm×6.5cm高さ1.8cmのセルクルに敷き込み、165℃のオーブンで15分から焼きする。

クレモーシトロンベルガモット

材料（作りやすい分量）

A［
ベルガモット果汁（株式会社にしごみ）…… 30 g
無農薬レモン果汁（同上）…… 170 g
全卵 …… 100 g
グラニュー糖 …… 85 g
］

板ゼラチン …… 1.5 g（水で戻す）

無塩バター …… 145 g

ベルガモットの皮（同上）…… 1/2個分

作り方

1 鍋にAを合わせて火にかけ、ふつふつと沸くまで加熱する。

2 1にゼラチンを加えて溶かし、さいの目に切ったバターを加えてハンドブレンダーでよく撹拌する。

3 2にベルガモットの皮を削り入れ、混ぜる。冷やして保形性が出てから使う。

ビスキュイジョコンド

p.65参照。4.5cm×4.5cmにカットする。

マーマレード

材料（作りやすい分量）

レモン …… 2個

グラニュー糖 …… 125 g

作り方

1 レモンは皮をむき、果肉を房状に切り出す。

2 1でむいた皮1個分をスライスし、2〜3回ゆでこぼす。

3 鍋に1、2、グラニュー糖を合わせ、一晩おく。

4 3の鍋を中火にかけ、Brix55度まで煮詰め、ハンドブレンダーでマーマレード状にする。

メレンゲ

材料（作りやすい分量）

卵白 …… 90 g

グラニュー糖 …… 45 g

A［
トリモリン …… 45 g
水飴 …… 40 g
］

B［
板ゼラチン
…… 3 g（水で戻す）
ベルガモットピュレ
…… 10 g
］

ベルガモットの皮
…… 適量

＊Aは合わせて軽く温める。

＊Bは合わせて温め、ゼラチンを溶かす。

作り方

1 ボウルに卵白を入れ、ミキサーで泡立てる。グラニュー糖を少しずつ加えてさらに泡立て、メレンゲを作る。

2 Aを1に少しずつ加えてさらに泡立て、さらにBを加え、角の立ったメレンゲにする。

3 ベルガモットの皮を削り入れる。ゴムベラで混ぜる。

ナパージュ

ナパージュヌートルにベルガモット果汁適量を加えて混ぜる。

柑橘の焼き菓子、生菓子、コンフィズリー ● タルト

ベルガモットのゼストのクリスタリゼ

材料（作りやすい分量）
ベルガモットの皮 …… 適量
グラニュー糖 …… 適量

作り方
1 削った皮とグラニュー糖を混ぜ合わせ、サラッとしたら天板に広げる。
2 常温で一晩乾燥させる。

Assembly

1 から焼きしたたシュクレ生地にクレモーシトロンベルガモットを絞り入れる。

2 マーマレードをぬったビスキュイジョコンドを埋め込む。

3 さらにクレモーを絞り入れ、中央を少し高くする。タルトのフチですりきる。

4 3を逆さにしてメレンゲをつける。持ち上げるとピラミッド状になる。

5 バーナーでほんのり焼き色をつける。

6 ナパージュをぬり、ベルガモットのゼストのクリスタリゼをかける。

タルトセゾンアグリュム

INFINI

紅まどかと土佐文旦を使い、表面はさじょうにほぐした果肉で覆い、
中には大ぶりに割った果肉とクレームムースリーヌを入れた。
同じ柑橘ながらほぐし方で味わいに変化をつけ、
アンビバージュのソミュールや柑橘のコンフィチュールで風味を重ねる。

タルトセゾンアグリュム

シュクレ生地

作り方
p.31手順**1**〜**2**参照。

クレームダマンド

材料（作りやすい分量）
無塩バター　　　　　　　アーモンドパウダー …… 100 g
　…… 100 g（室温に戻す）　全卵 …… 100 g
粉糖 …… 100 g

作り方
1　ボウルにバター、粉糖を合わせてミキサー（ビーター）で白っぽくなるまですり混ぜる。
2　アーモンドパウダーを加えて均一に混ぜる。
3　全卵を少しずつ加えて均一に混ぜる。

アンビバージュ

材料（作りやすい分量）
ボーメ30°シロップ …… 100 g
ソミュール …… 20 g

作り方
1　すべての材料を混ぜ合わせる。

コンフィチュールアグリュム

材料（作りやすい分量）
季節の黄色い柑橘 …… 280 g　　A「 グラニュー糖 …… 12 g
グラニュー糖 …… 120 g　　　　　 ペクチンNH …… 3 g
レモン果汁 …… 80 g
＊Aは混ぜ合わせておく。

作り方
1　柑橘は皮をむき、皮は細かく刻んでゆでこぼす。
2　実は薄皮をむく。
3　鍋に**1**と**2**の果肉、グラニュー糖、レモン果汁を合わせて火にかけ、弱火で煮る。皮がやわらかくなったら**A**を加えて一煮立ちさせ、冷蔵庫で冷やす。

クレームムースリーヌ

材料（作りやすい分量）
クレームシトロン　　　　　　クレームパティシエール
「 レモン果汁 …… 200 g　　　「 卵黄 …… 25 g
　グラニュー糖 …… 85 g　　　　 グラニュー糖 …… 25 g
　全卵 …… 100 g　　　　　　　 薄力粉 …… 4 g
　板ゼラチン　　　　　　　　　 コーンスターチ …… 5 g
　…… 1.5 g（水で戻す）　　　　 牛乳 …… 100 g
　無塩バター …… 145 g　　　　 バニラビーンズ …… 1/5本

作り方
1　**クレームシトロン**：鍋にレモン果汁、グラニュー糖、全卵を合わせて火にかけ、ふつふつと沸くまで加熱する。ゼラチンを加えて溶かし、さいの目に切ったバターを加えてハンドブレンダーでよく撹拌する。
2　**クレームパティシエール**：ボウルに卵黄、グラニュー糖、薄力粉、コーンスターチを合わせて泡立て器で白っぽくなるまですり混ぜる（a）。鍋に牛乳、バニラビーンズを入れて火にかけ、沸かしてバニラビーンズのサヤを取り出し、aのボウルに加えてよく混ぜる。鍋に戻して木べらで混ぜながら炊き上げる。
3　冷やした**1**の100 g、**2**の37 gを混ぜ合わせる。

その他

紅まどか、土佐文旦、ナパージュヌートル、エディブルフラワー

Assembly

1 シュクレ生地を2.5mm厚さにのばし、直径6.5cm、高さ1.7cmのセルクルに敷き込む。シルパットを敷いた天板にのせ、クレームダマンドを絞り、160℃のオーブンで25分焼く。

2 冷ました**1**にアンビバージュを打つ。

3 **2**の上にコンフィチュールアグリュムを絞る。

4 **3**の上に房の食感が残る程度に粗くほぐした紅まどかと土佐文旦果肉をこんもりと盛る。

5 果肉をクレームムースリーヌで覆い、ドーム状にナッペする。

6 さじょうにほぐした紅まどかと土佐文旦をクレーム全体にまぶす。

7 全体にナパージュヌートルをかける。

8 エディブルフラワーを飾る。

柑橘の焼き菓子、生菓子、コンフィズリー ● タルト

河内晩柑のタルト

TiTRE

酸味が穏やかで香りの爽やかな河内晩柑を、「バターのような」コクのあるピーカンナッツと合わせた。
河内晩柑は厚い皮を1週間ほどかけてコンフィに。
皮に詰まった風味、甘みをナッティな生地と楽しんでもらい、一緒に焼き込んだ果肉でフレッシュさを出す。

ピーカンナッツのショートブレッド

材料（作りやすい分量）
無塩バター …… 64g（室温に戻す）
ピーカンナッツ …… 14g
素焚糖 …… 26g
薄力粉 …… 70g
コーンスターチ …… 12g

作り方
1 フードプロセッサーにバター以外の材料を合わせて撹拌する。
2 ピーカンナッツが細かくなったらバターを加えてさらに撹拌し、全体になじませる。
3 まとめてラップで包み、冷蔵庫で1時間以上やすませる。

フィリング

材料（作りやすい分量）
クレームダマンド（下記参照）…… 250g
全卵 …… 15g
ケーキクラム（パウンドケーキなどの端材）…… 200g

作り方
1 フードプロセッサーにクレームダマンド、全卵を合わせて撹拌し、均一にする。
2 ケーキクラムを加えて撹拌し、均一にする。

クレームダマンド

材料（作りやすい分量）
無塩バター …… 62.5g（室温に戻す）
素焚糖 …… 62.5g
全卵 …… 62.5g
アーモンドパウダー …… 62.5g
薄力粉 …… 25g

作り方
1 ボウルにバター、素焚糖を合わせてミキサー（ビーター）で撹拌し、均一にする。
2 全卵を数回に分けて加えて撹拌し、しっかりと乳化させる。
3 合わせたアーモンドパウダー、薄力粉を2に加えて撹拌し、均一にする。

河内晩柑の皮のコンフィ

材料
河内晩柑の皮（十字に切り目を入れて四等分にむいたもの）
　　…… 適量
グラニュー糖 …… 適量
水飴 …… 適量

作り方
1 河内晩柑の皮はゆでこぼしてえぐみを抜く。
2 鍋に1がつかる程度の水（分量外）と、その1/2の重量のグラニュー糖を合わせて火にかけ、沸かしてグラニュー糖を溶かす（シロップ）。
3 2の火を止めて1を加え、そのまま一晩おく。
4 皮を取り出し、シロップにその重量の15%のグラニュー糖を加えて沸かし、火を止めて皮を戻し、そのまま一晩おく。
5 4をもう1回繰り返す（計3回皮をシロップにひたした状態）。
6 皮を取り出し、シロップにその重量の10%の水飴を加えて沸かし、火を止めて皮を戻し、そのまま一晩おく。
7 4をさらに2回繰り返す（計6回皮をひたした状態）。
8 6をもう1回繰り返す。

ヘーゼルナッツクランブル

材料（作りやすい分量）
無塩バター …… 50g（冷蔵）
素焚糖 …… 50g
アーモンドパウダー …… 25g
ヘーゼルナッツパウダー …… 25g
薄力粉 …… 50g

作り方
1 フードプロセッサーにバター以外の材料を合わせて撹拌し、均一にする。
2 角切りにしたバターを加え、撹拌する。

その他

河内晩柑果肉、粉糖

⊰ *Assembly* ⊱

1 ショートブレッドを3mm厚さにのばし、35cm×11cmの角セルクルで抜く（1台150g）。シルパットを敷いた天板にそのセルクルをのせ、底にショートブレッドを敷き込み、165℃のオーブンで20分焼く。
2 1のショートブレッドの上に、セルクルをつけたままフィリングをのせ、平らにのばす。
3 2の上に房状に切り出した河内晩柑果肉100gをのせて埋め込み、さらに河内晩柑の皮のコンフィ100gをのせる。
4 3の上にヘーゼルナッツクランブル170gをまんべんなく敷き詰め、170℃のオーブンで40分焼く。
5 冷めたら粉糖をふり、カットする。

柑橘の焼き菓子、生菓子、コンフィズリー ● タルト

グレープフルーツと
ローズマリーのケーキ

TiTRE

卵を多めに配合した生地に、丁寧に糖度を上げた
グレープフルーツの皮のコンフィをふんだんに混ぜ込んだケーキ。
しっとりとして食べ応えある食感とすることで、かむごとにグレープフルーツの香りを感じさせる。
グレープフルーツに近しい苦みのローズマリーを合わせ、風味のアクセントとした。

グレープフルーツと
ローズマリーのケーキ

材料（直径20cmの菊型6台分）
無塩バター …… 762g（常温に戻す）
グレープシードオイル …… 195g
グラニュー糖 …… 810g
全卵 …… 972g
塩 …… 9g
A ┌ 薄力粉 …… 648g
  ├ アーモンドパウダー …… 288g
  ├ ベーキングパウダー …… 37.8g
  └ ドライローズマリー …… 4.5g
グレープフルーツの皮のコンフィ（下記）…… 900g
＊型にバターをぬり、小麦粉をふって余分を落としておく（ともに分量外）。
＊Aは合わせてふるっておく。

作り方
1　ボウルにバターを入れ、ミキサーで撹拌して空気を含ませ、グレープシードオイル、グラニュー糖を順に加えてそのつど撹拌し均一にする。
2　全卵と塩を混ぜ合わせ、1に数回に分けて加えて撹拌し、しっかりと乳化させる。
3　Aを加えて撹拌する（水分が多めの配合のため少しグルテンを出して生地の骨格を作る）。
4　2にフードプロセッサーで3mm角程度に細かくしたグレープフルーツの皮のコンフィを加え、ゴムベラで混ぜる。型に流し、170℃のオーブンで48分焼く。

グレープフルーツの皮のコンフィ

材料（作りやすい分量）
グレープフルーツの皮（十字に切り目を入れて四等分に
　むいたもの）…… 適量
グラニュー糖 …… 適量
水飴 …… 適量

作り方
1　グレープフルーツの皮はゆでこぼしてえぐみを抜く。
2　鍋に1がつかる程度の水（分量外）と、その1/2の重量のグラニュー糖を合わせて火にかけ、沸かしてグラニュー糖を溶かす（シロップ）。
3　2の火を止めて1を加え、そのまま一晩おく。
4　皮を取り出し、シロップにその重量の15%のグラニュー糖を加えて沸かす。火を止めて皮を戻し、そのまま一晩おく。
5　4をもう1回繰り返す（計3回皮をシロップにひたした状態）。
6　皮を取り出し、シロップにその重量の10%の水飴を加えて沸かし、火を止めて皮を戻し、そのまま一晩おく。
7　4をさらに2回繰り返す（計6回皮をひたした状態）。
8　6をもう1回繰り返す。

グラスアロー

材料（作りやすい分量）
粉糖 …… 225g
水 …… 35g

作り方
1　粉糖と水を混ぜ合わせる。

Assembly

1　冷ましたグレープフルーツとローズマリーのケーキにグラスアローをかけ、乾かす。

柑橘の焼き菓子、生菓子、コンフィズリー ● 焼き菓子

ビクトリアケーキ（レモンとほうじ茶）

TiTRE

レモンのきれいな酸味に、ほうじ茶の甘くやや鈍い風味を合わせ、
すっきりとしながらコクのある味わいに。その繊細な取合せを楽しめるよう、
生地は油脂分、水分が多い配合でしっとりとやわらかく焼き上げ、
ジャムは皮を入れずに果肉のみで作り、口溶けのよい仕立てとしている。

ビクトリアスポンジ

材料（直径18cmの丸型6台分）
無塩バター …… 400g（室温に戻す）
グレープシードオイル …… 200g
A ┌ グラニュー糖 …… 600g
　└ 素焚糖 …… 120g
全卵 …… 720g
B ┌ 薄力粉（クーヘン）…… 700g
　└ ベーキングパウダー …… 21g
牛乳 …… 120g
＊型に焼き紙をセットしておく。
＊Aは合わせておく。
＊Bは合わせてふるっておく。

作り方
1 ボウルにバターを入れ、ミキサーで撹拌して空気を含ませる。
2 1にグレープシードオイル、Aを順に加えてそのつど撹拌し、均一にする。
3 全卵を数回に分けて加えて撹拌し、しっかりと乳化させる。
4 Bを加えて均一になるよう撹拌し、牛乳を加え全体が混ざる程度に撹拌する。
5 ゴムベラで全体を均一にし、型に流して170℃のオーブンで30分焼く。

バタークリーム

材料（作りやすい分量）
発酵無塩バター …… 585g（室温に戻す）
水 …… 91g
グラニュー糖 …… 260g
卵白 …… 170g
ほうじ茶パウダー …… 32g

作り方
1 ボウルにバターを入れ、ミキサーで撹拌して空気を含ませる。
2 鍋に水、グラニュー糖を合わせて火にかけ、118℃まで上げる。
3 別のボウルに卵白を入れ、ミキサーで泡立てる。2を少しずつ加えてさらに撹拌し、イタリアンメレンゲにする。
4 1に3、ほうじ茶パウダーを加えてそのつど均一になるよう撹拌する。

レモンジャム

材料（作りやすい分量）
レモン果肉 …… 550g
グラニュー糖 …… 303g（レモン果肉の55%）

作り方
1 鍋にレモン果肉、グラニュー糖を合わせて火にかけ、適度に濃度がつくまで炊く。

その他
粉糖

Assembly

1 ビクトリアスポンジを横半分にカットする。

2 1の下のスポンジにバタークリームを1台あたり160gのせ、平らにナッペする。冷蔵庫で冷やし、クリームを締める。

3 バタークリームの上にレモンジャムを1台あたり80gのせてぬり広げ、上のスポンジをのせる。再び冷蔵庫に入れ、なじませる。
4 粉糖をふり、カットする。

柑橘の焼き菓子、生菓子、コンフィズリー ● 焼き菓子

甘夏ケーク

Ensoleillé

Ensoleilléで毎年甘夏の時期に作り続けているケーク。
生地にはぎりぎりまで煮詰めた和歌山県藏光農園の甘夏果肉をふんだんに使用。
グラスアローにも甘夏果汁をきかせ、果実感豊かな、めぐる季節を感じられる焼き菓子に仕上げている。

甘夏ケーク

甘夏ケーク生地

材料（14cm×6cm×高さ5.5cmのパウンド型6台分）
発酵無塩バター …… 308g（室温に戻す）
粉糖 …… 334g
全卵 …… 311g（室温に戻す）
A ┌ 薄力粉（ドルチェ）…… 345g
　└ ベーキングパウダー …… 3.3g
甘夏ペースト（右記参照）…… 301g
グランマルニエ …… 180g
＊粉糖はふるっておく。
＊Aは合わせてふるっておく

作り方

1　ボウルにバターと粉糖を合わせてミキサーで、白っぽくなるまで立てていく。途中何度か、ゴムベラでまわりについたバターを落とす。

2　全卵を少しずつ加えながら乳化させていく。卵を3/4ほど加え終わったらミキサーから外し、残り1/4の卵とAの粉を数回に分けて交互に加え、乳化させながら卵を加えきる（粉が最後になるようにする。混ぜ過ぎないように注意する）。

3　最後のAの粉を加えきったら、混ぜ込みきる前に生地の一部を取り出し、甘夏ペーストと混ぜ、生地全体に戻し、つやがでるまで混ぜる。

4　パウンド型に絞り入れ、ダスターを敷いた台の上に2〜3回落とす。中央がくぼむように、パレットナイフでならす。

5　170℃のコンベクションオーブンで12分焼く。表面に膜ができたら、ペティナイフで中央に1本浅く切り込みを入れ、反転させて再びオーブンに入れ、約19分焼く。

6　焼き上がったら、すぐに型から取り出し、グランマルニエを刷毛で全面にたっぷり2往復打つ。

甘夏ペースト

材料（作りやすい分量）
甘夏 …… 12個
グラニュー糖 …… 甘夏果肉の18％程度

作り方

1　甘夏の皮をむき、果肉を取り出し、薄皮に残った果汁もしぼる。

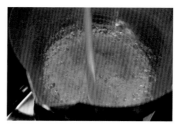

2　鍋に1の果肉と果汁を入れてグラニュー糖を加え、火にかける。

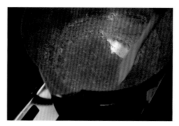

3　焦げないようにゴムベラで混ぜながら煮詰める。

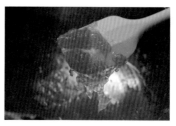

炊き上がりの目安。果実の粒感が残り、表面の水分がぎりぎりまでとんだ状態。

4 ボウルに移し、氷水にあてて急冷する。

グラスアロー

材料（6台分）
ボーメ30°シロップ
　　…… 120 g
甘夏果汁 …… 31 g

粉糖 …… 252 g
＊粉糖はふるっておく。

作り方
1 小鍋にボーメ30°シロップと甘夏果汁を入れ、火に
　かけて約50℃まで温める。
2 1を粉糖の入ったボウルに加え、泡立て器でよく混ぜ
　る。温かいうちにケークの仕上げに使う。

甘夏ピールコンフィ

材料（作りやすい分量）
甘夏外皮 …… 適量
シロップ
　┌ 水 …… 1200 g
　└ グラニュー糖 …… 2000 g
＊シロップは甘夏外皮がしっかりかぶるくらいの量で作る。

作り方
1 甘夏外皮は、白いワタの部分がきれいに残るように
　適度に削ぎ、3回ゆでこぼす。
2 ゆでこぼし3回目で沸いたら弱火にし、皮の白いワタ
　が半透明になり、やわらかくなるまで煮る。
3 別の鍋に水とグラニュー糖の1/5量を入れ、沸かす。
4 2の水気をきって3の鍋に入れ、再度沸いたら火を止
　め、落とし蓋をしてそのまま冷まして一晩から半日おく。

5 皮とシロップに分け、シロップに3と同量のグラ
　ニュー糖を加えて沸かす。
6 5のシロップに皮を加えて火を止め、落とし蓋をして
　そのまま冷まし、一晩から半日おく。
7 5、6を繰り返し、計5回皮をシロップで煮ては冷ます。

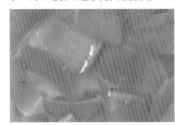

1 作りたての温かいグラスアローをケーク表面に刷毛
　で手早くぬり、上面にカットした甘夏ピールコンフィ
　をのせる。
2 220℃に温めておいたコンベクションオーブンに20
　秒ほど入れ、表面をさっと乾かす。

ウィークエンドシトロン
リモンチェロ風味

kiki harajuku

リモンチェロとの相性から、生地はクリームチーズでコクを出し、
メレンゲを加えることで食感の軽さを出した。
レモンピールや果肉ごとコンフィにした黄金柑を混ぜ込み、
果実感を出すとともに食感の変化をつけている。

ウィークエンドシトロン生地

材料（23cm×7cm高さ6cmのパウンド型1台分）
無塩バター …… 135g（室温に戻す）
クリームチーズ …… 70g

A ┌ 薄力粉 …… 120g
　└ ベーキングパウダー …… 1.4g

グラニュー糖 …… 150g
レモン果汁 …… 1/2個分
レモンの皮（すりおろし）…… 1/2個分
アーモンドパウダー …… 38g

B ┌ 黄金柑コンフィ（下記参照）…… 50g
　└ レモンピールコンフィ（右記参照）…… 10g

卵白 …… 150g

＊Aは合わせてふるっておく。
＊アーモンドパウダーはふるっておく。
＊型に無塩バター（分量外）をぬっておく。
＊Bは刻んでおく。

作り方

1 ボウルにバターを入れ、クリームチーズを加えてゴムベラで混ぜる。
2 別のボウルに卵白を入れ、ミキサーで立て始める。
3 1にAを加え、ゴムベラで混ぜる。グラニュー糖、レモン果汁、レモンの皮、アーモンドパウダーを加えて混ぜる。
4 3に適当な大きさにカットしたBを加え、ざっくりと混ぜる。最後に立てた2の卵白を3回に分けて加え、混ぜる。
5 4をパウンド型に流し入れ、180℃のオーブンで40分焼く。

黄金柑コンフィ

材料（作りやすい分量）
黄金柑 …… 適量
水 …… 適量
グラニュー糖 …… 黄金柑の重量の70％

作り方

1 黄金柑を半割りにし、鍋に入れてひたひたの水を加え、火にかける。沸いたらザルにあげる。
2 1の黄金柑を鍋に戻し、グラニュー糖とひたひたの水を加え、火にかけて煮る。シロップにとろみが出たら液体ごと冷まし、一晩おく。
3 2の黄金柑をザルにあげ、水気を取り、食品乾燥機で乾かす。

レモンピールコンフィ

材料（作りやすい分量）
レモン …… 適量
水 …… 適量
グラニュー糖 …… レモンの皮の重量の70％

作り方

1 レモンの皮をピーラーでむき、鍋に入れてひたひたの水を加えて、火にかける。沸いたらザルにあげる。
2 1のレモンの皮を鍋に戻し、グラニュー糖とひたひたの水を加え、火にかける。レモンの皮に火がしっかり入ってやわらかくなるまで煮て、液体ごと冷まし、一晩おく。
3 2のレモンの皮をザルにあげ、水気を取り、食品乾燥機で乾かす。

リモンチェロシロップ

材料（1台分）
リモンチェロ（下記参照）…… 30g
グラニュー糖 …… 30g
水 …… 30g

○リモンチェロ…レモン25個分の皮をピーラーでむいて保存容器に入れ、水800g、グラニュー糖800g、スピリタス1kgを加えて1か月ほどおく。

作り方

1 鍋にすべての材料を合わせ、沸騰させてグラニュー糖を溶かす。

グラサージュ

材料（作りやすい分量）
粉糖 …… 170g
レモン果汁 …… 15g
水 …… 20g程度

作り方

1 ボウルに粉糖、レモン果汁を入れて混ぜ、水を好みの濃度になるまで加えながら混ぜる。

◁ *Assembly* ▷

1 ウィークエンドシトロン生地の焼き上がりすぐに、リモンチェロシロップを刷毛で打つ。
2 冷めたらグラサージュをかける。グラサージュを乾燥させる。

柑橘の焼き菓子、生菓子、コンフィズリー ● 焼き菓子

橙のサブレ

だいだい

Ensoleillé

サブレシトロンのイメージで、橙の強い酸味を生かした。

炊きたての橙コンフィチュールと、橙果汁入りグラスアローを、サブレにぬっては乾かす。

手間がかかる分、パキンとした食感や甘酸っぱさなどサブレ単体にはないおいしさが楽しめる。

サブレ生地

材料（作りやすい分量）
発酵無塩バター …… 200 g　　グラニュー糖 …… 54 g
粉糖 …… 120 g　　アーモンドパウダー（皮なし）
橙の皮（すりおろし）…… 3 g　　　　 …… 84 g
全卵 …… 60 g　　薄力粉（赤煉瓦）…… 334 g
ゲランドの塩 …… 1.2 g　　＊薄力粉はふるっておく。

作り方
1　バターを麺棒で叩いてやわらかくし、ボウルに入れ、
　　ミキサー（ビーター）の低速でポマード状にする。
2　1に粉糖、橙の皮を加え、混ぜる。
3　全卵と塩を混ぜ合わせ、2に3〜4回に分けて加えな
　　がら、よくすり混ぜる。
4　3にグラニュー糖を加え、混ぜる。
5　4にアーモンドパウダーを加え、粉が見えなくなるま
　　で混ぜる。
6　薄力粉を加え、粉が見えなくなるまで混ぜる。
7　6の生地を台に取り出し、麺棒で押さえて1 cm厚さに
　　整え、ラップに包んで冷蔵庫で一晩やすませる。
8　7をかたいまま麺棒で少しずつ叩き、3 mm厚さにのば
　　し、直径4.5 cmの丸型で抜く。
9　シルパンを敷いた天板に並べ、170℃のコンベクショ
　　ンオーブンで6分、反転して約5分を目安に焼く。

橙コンフィチュール

材料（作りやすい分量）
橙 …… 6個
グラニュー糖 …… 橙の果肉と果汁の重量の70％程度

作り方
1　橙は皮をむいて果肉を取り出し、薄皮に残った果汁
　　もしぼる。

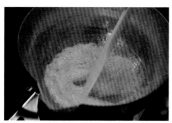

2　鍋に1の果肉と果汁を入れてグラニュー糖を加え、
　　火にかけて焦がさないように混ぜながら煮詰め、果
　　実感が残りながら水分をぎりぎりまでとばした状態に
　　仕上げる。

皿に落としてさっと刷毛でのばし、すぐに固まるくら
いが仕上がりの目安。

グラスアロー

材料（作りやすい分量）
粉糖 …… 100 g
橙果汁 …… 30 g
＊粉糖はふるっておく。

作り方
1　鍋に橙果汁を入れて火にかけ、50℃くらいまで温める。
2　ボウルに粉糖を入れ、1を加えてよく混ぜる。

柑橘パウダー

橙やみかん等の皮の、白いワタの部分を取り除き、乾燥させたもの
をミルサーにかけて粉末状にし、ふるう。

⊰ Assembly ⊱

1　冷ましたサブレの表面に、炊き上げたばかりの熱々の
　　橙コンフィチュールを刷毛で手早くぬっていく。指で
　　触ってもコンフィチュールがつかないくらいまで乾かす。

2　1の上にグラスアローを刷毛でぬり、柑橘パウダーをふる。
3　210℃のコンベクションオーブンに1分入れ、さっと乾かす。

柑橘の焼き菓子、生菓子、コンフィズリー ● 焼き菓子

三宝柑の
バタークリームチーズサンド

Ensoleillé

和歌山県の特産柑橘である三宝柑を、レーズンサンドのように仕立てた。
三宝柑の果皮の分厚さと風味のよさをいかし数日間かけてシロップを含ませ、
それを噛みしめられるようサブレの中に散りばめる。
塩レモンを味の引き締め役とした。

サブレ生地

材料（作りやすい分量）
発酵無塩バター …… 700g
きび砂糖 …… 400g
卵黄 …… 10個分
A ┌ 薄力粉（ドルチェ）…… 1300g
　└ アーモンドパウダー（皮なし）…… 200g
ゲランドの塩 …… 9g
＊Aは合わせてふるっておく。

作り方
1　バターを叩いてやわらかくし、ボウルに入れてきび砂糖を加え、ミキサーで撹拌し白っぽいクリーム状にする。
2　1に卵黄を少しずつ加えながら混ぜる。
3　2に塩を加える。
4　3にAを加え、ゴムベラで混ぜ合わせる。
5　4の生地をまとめ、ラップで包み、冷蔵庫で1時間以上やすませる。
6　5を3mm厚さにのばし、3.5cm×7.5cmにカットする。冷凍庫で凍らせる。
7　6を冷凍庫から出し、凍ったままシルパンを敷いた天板に並べ、170℃のコンベクションオーブンで11分を目安に焼く。

バタークリームチーズ

材料（作りやすい分量）
発酵無塩バター …… 126g（ポマード状）
無塩バター …… 126g（ポマード状）
イタリアンメレンゲ（80g使用）
┌ 卵白 …… 142g
│ グラニュー糖A …… 24g
│ 水 …… 72g
└ グラニュー糖B …… 143g
ホワイトチョコレート …… 20g
クリームチーズ …… 110g
三宝柑ペースト（下記参照）…… 110g
黒胡椒 …… 適量
○三宝柑ペースト…三宝柑の果肉を取り出し、種を取り除く。皮に残った果汁も絞りきって果肉と合わせ、鍋に入れて火にかけ、ゴムベラで混ぜながら水分をぎりぎりまで飛ばし、ペースト状にする。

作り方
1　ホワイトチョコレート、クリームチーズをそれぞれ湯煎にかけ、チョコレートは溶かし、クリームチーズはポマード状にする。
2　バターは合わせて、ミキサーでしっかりと立てる。
3　イタリアンメレンゲを立てる。卵白をボウルに入れ、グラニュー糖Aを数回に分けて加え、ミキサーで泡立て、水とグラニュー糖Bで作ったシロップ（120℃まで上げる）を少しずつ加えてさらに立てる。
4　2に1を加えて混ぜる。
5　4に分量のイタリアンメレンゲを加えて混ぜる。
6　5に三宝柑ペースト、黒胡椒を加え、混ぜる。

三宝柑ピールコンフィ

p.45の甘夏ピールコンフィを参照し、三宝柑の皮で作る。

塩レモン

材料（作りやすい分量）
レモン …… 適量
塩 …… レモンの重量の約15％〜20％

作り方
1　レモンをきれいに洗い、水気をしっかりふき取り、厚めにスライスする。
2　保存容器に1と塩を交互に入れ、冷暗所におく。一日一回は瓶をふり、一週間程ねかせる。
3　塩が溶けて水分が出てきたら、少量ずつ真空パックし、冷蔵庫で保存する。

Assembly

1　サブレ生地の裏面にバタークリームチーズを絞る。
2　7mm角にカットした三宝柑ピールコンフィ11粒を等間隔に散らす。
3　塩レモンを細かく刻み、ごく少量を2の上に5カ所置く。
4　3の上にバターバタークリームチーズを絞り、サブレでサンドし、側面をパレットナイフできれいにならす。

柑橘の焼き菓子、生菓子、コンフィズリー ● 焼き菓子

セミノールのチーズケーキ

TiTRE

チーズの持ち味が生きるマイルドな味わいを目指し、セミノールを使用。
その適度な酸味とフルーティな甘み、柑橘ならではのコクで、
全体の味の輪郭をはっきりとさせ、初夏にぴったりの清涼感も添えている。
なお、アパレイユもサワークリームは使用せず、酸味の穏やかなクレームエペスを使用。

ピーカンナッツのショートブレッド

材料（作りやすい分量）
無塩バター …… 96 g（室温に戻す）
ピーカンナッツ …… 21 g
素焚糖 …… 24 g
薄力粉 …… 105 g
コーンスターチ …… 18 g

作り方
1 フードプロセッサーにバター以外の材料を合わせて撹拌する。
2 ピーカンナッツが細かくなったらバターを加えてさらに撹拌し、全体になじませる。
3 まとめてラップで包み、冷蔵庫で1時間以上やすませる。

アパレイユ

材料（直径18cmの丸型2台分）
クリームチーズ …… 747 g
素焚糖 …… 224 g
A｜全卵 …… 125 g
　｜卵黄 …… 50 g
クレームエペス …… 250 g
生クリーム …… 125 g
コーンスターチ …… 25 g
セミノール果汁 …… 40 g
セミノール表皮 …… 10 g
＊Aは混ぜ合わせておく。

作り方
1 ボウルにクリームチーズ、素焚糖を合わせてフードプロセッサーで撹拌し、均一にする。
2 均一になったら残りの材料を材料表の上から加え、そのつど撹拌して均一にする。

Assembly

1 ピーカンナッツのショートブレッドを1台あたり120g計量して3mm厚さにのばし、直径18cmの丸セルクルで抜く。
2 1を同じ直径の丸型の底に敷き込む。165℃のオーブンで20分焼く。
3 冷ました2にアパレイユを流し、170℃のオーブンで40分焼く。

柚子ミニチーズケーキ
テリーヌ風

INFINI

テリーヌ型で焼き上げるようななめらかで濃厚なチーズケーキを、
気軽に食べられるサイズに仕立てた。
サワークリームやクレームドゥーブル、レ・リボなどさまざまな乳製品と
ホワイトチョコレートで酸味とコクのバランスをとり、柚子と一体感ある味わいとしている。

柚子チーズケーキ生地

材料（作りやすい分量）

A
- クリームチーズ …… 200 g
- グラニュー糖 …… 100 g
- サワークリーム …… 175 g
- クレームドゥーブル …… 25 g
- レ・リボ …… 20 g
- コーンスターチ …… 20 g

ホワイトチョコレート …… 50 g
コンパウンドクリーム（レクレ）…… 100 g
全卵 …… 120 g
柚子の皮 …… 0.8 g
柚子果汁 …… 27 g

＊ホワイトチョコレートは溶かしておく。

作り方

1 ボウルにAを順に加え、ゴムベラで均一に混ぜる。
2 別のボウルにホワイトチョコレート、コンパウンドクリームを合わせて泡立て器で混ぜ、ガナッシュにする。
3 1に2を加えて混ぜ、全卵も加えて混ぜる。

4 柚子の皮を削り入れる。

5 柚子果汁を加えて混ぜる。

ジェノワーズ生地

材料（40 cm×30 cmのカードル1台分）
薄力粉 …… 100 g　　サラダ油 …… 20 g
全卵 …… 200 g　　溶かしバター（無塩）…… 20 g
グラニュー糖 …… 120 g　＊薄力粉はふるっておく。

作り方

1 全卵にグラニュー糖を3回に分けて加えながら泡立てる。
2 1に薄力粉を加えて合わせ、サラダ油、溶かしバターを加えて混ぜる
3 シルパットを敷いた天板にカードルをのせて2を流し、190℃のオーブンで12分焼く。
4 冷めた3を直径5.5 cmのセルクルで抜く。

その他

粉糖

Assembly

1 直径5.5 cm、高さ4.5 cmのセルクルの内側にオーブンシートの帯をセットし、天板に並べる。底に同じ直径の円形に抜いたジェノワーズ生地を敷き、柚子チーズケーキ生地を50 gずつ流す。
2 別の天板に熱湯を注いで1を湯煎する。250℃で予熱したオーブンに入れ、150℃で13分焼く。

3 冷ましてシートを外した2に粉糖をふる。

クレームカラメルシトロン

INFINI

レモン果汁を使ったカラメルがポイント。
カラメルは色づけ過ぎないことでレモンの風味を生かす。
ゆるめに立てた生クリームと、なめらかでやわらかなクレーム、
甘酸っぱいカラメルの三位一体を楽しむ。

カラメル

材料（8個分）
グラニュー糖 …… 50 g
レモン果汁 …… 15 g

作り方

1 鍋にグラニュー糖を入れて火にかけ、浅い色のカラメルを作る。

2 火を止め、レモン果汁を加えて混ぜ、色づきを止める。

3 耐熱の器に流し入れる。

アパレイユ

材料（10個分）
A 〔 卵黄（加糖20%）…… 125 g
  〔 グラニュー糖 …… 75 g
B 〔 牛乳 …… 170 g
  〔 生クリーム（35%）…… 400 g
  〔 コンパウンドクリーム …… 100 g

作り方

1 ボウルに**A**を入れて混ぜ合わせる。

2 **1**に**B**を加えてよく混ぜ合わせる。

3 ラップを**2**の表面に密着させ、2〜3時間やすませる。

シャンティイ

材料（10個分）
生クリーム（42%）…… 200 g
粉糖 …… 14 g

作り方

1 生クリームに粉糖を加え、ゆるめに泡立てる。

その他
レモンの皮

⟨ Assembly ⟩

1 カラメルを流し入れた器にアパレイユを注ぎ、湯煎にかけ、160℃のオーブンで30分焼く。粗熱を取り、冷蔵庫で冷やす。

2 **1**にシャンティイをのせる。

3 レモンの皮を削りかける。

柑橘の焼き菓子、生菓子、コンフィズリー ● 生菓子

ババアルマニャック

INFINI

柑橘の果肉やコンフィチュールと、
オレンジとレモンの果汁入りシロップにひたしたババ生地を重ね、
さらにグラスデザートの利点を生かしてシロップをたっぷりと注ぎ込む。
アルマニャックは好みでかけてもらう。

パータババ

材料（直径5cm×高さ4.5cmのセルクル36個分）
中力粉（フランス産タイプ65）…… 400g
生イースト …… 17g
はちみつ …… 17g
塩 …… 4g
無塩バター …… 140g
全卵 …… 500g

作り方
1 ボウルに全卵以外の材料を入れ、全卵の1/3量を加え、ミキサー（フック）でミキシングする。
2 全体がまとまりボウルからはがれるようになってきたら、残りの全卵を数回に分けて加え、そのつどミキシングする。
3 すべて加えたら高速でしっかりとミキシングする。
4 30g程度ずつに分割し、セルクルに入れる。
5 OPPシートをかぶせ、温かい場所で2時間ほど発酵させる。
6 180℃のオーブンで40分ほど焼く。
7 型から外して冷ます。組み立て前に温めたシロップにひたす。

シロップ

材料（作りやすい分量）
水 …… 1000g
グラニュー糖 …… 450g
オレンジ …… 1個
レモン …… 1個
バニラのサヤ（一度使い乾燥させたもの）…… 2本

作り方
1 オレンジとレモンを輪切りにする。鍋にすべての材料を入れて沸かし、蓋をして火を止め、そのまま一晩おく。

コンフィチュールアグリュム

p.34参照。

クレームディプロマット

材料（作りやすい分量）

クレームパティシエール
┌ 全卵 …… 75g
│ グラニュー糖 …… 75g
│ 薄力粉 …… 12g
│ コーンスターチ …… 15g
│ 牛乳 …… 300g
└ バニラビーンズ …… 3/5本

板ゼラチン
…… 4g（水で戻す）
生クリーム（42%）…… 100g

作り方
1 **クレームパティシエール**：p.34と同様に作り、炊き上がりにゼラチンを加えて混ぜ、冷ます。
2 生クリームをしっかりと泡立て、**1**の300gと混ぜ合わせる。

シャンティイフロマージュ

材料（作りやすい分量）
フロマージュブラン …… 45g　はちみつ …… 14g
生クリーム（42%）…… 100g　トレハロース …… 15g
コンパウンドクリーム …… 50g

作り方
1 ボウルにすべての材料を合わせ、泡立てる。

アマンドポリニャック

材料（作りやすい分量）
アーモンドスライス …… 適量
ボーメ30°シロップ …… 適量（アーモンドがひたる量）

作り方
1 アーモンドをひたひたのボーメ30°シロップに一晩つける。
2 **1**のアーモンドの水気をきり、180℃のオーブンで8分ほど焼く。

その他

小夏（果肉に白ワタを残して表皮をむき、房に切り出して5mm程度の厚さに切る）、文旦果肉、粉糖、小夏のゼストのクリスタリゼ（p.32ベルガモットのゼストのクリスタリゼと同様に小夏の皮で作る）、アルマニャック

Assembly

1 容器の1/3の高さまでクレームディプロマットを絞り入れる。

2 クレームの中央にコンフィチュールを絞る。

3 コンフィチュールの上に小夏を3枚ほど敷く。白ワタが容器に接するようにする。

4 シロップにひたしたパータババを入れる。パータババの上にコンフィチュールを絞る。

5 ほぐした文旦果肉を入れる。

6 シロップを注ぐ。

7 シャンティイフロマージュを絞る。

8 粉糖をふり、アマンドポリニャックをのせ、小夏のゼストのクリスタリゼをかけ、アルマニャックを入れたスポイトを刺す。

パルファン

INFINI

軽く口溶けのよいムースに混ぜ込んだ土佐ベルガモットの果汁とオイルで、
インパクトから余韻までベルガモットの香り（パルファン）を感じさせる趣向。
ブリュレやジュレなど、口中の滞在時間が異なる
パーツの組み合わせにより、味わいは一口の中で変化する。

柑橘の焼き菓子、生菓子、コンフィズリー ● 生菓子

パルファン

クレームブリュレ

材料（作りやすい分量）
A ┌ 牛乳 …… 600 g
  │ ジャスミン（乾燥）…… 38.4 g
  └ バラ（乾燥）…… 19.2 g
板ゼラチン …… 14.4 g（水で戻す）
卵黄（加糖20%）…… 384 g
グラニュー糖 …… 211.2 g
生クリーム（35%）…… 1440 g

作り方
1 鍋にAを合わせて沸かし、蓋をして火を止め、5分お
  いて香りを移す。漉してゼラチンを加え、溶かす。
2 ボウルに卵黄、グラニュー糖を入れて泡立て器です
  り混ぜる。
3 2に1を加えてよく混ぜ、生クリームを加えて混ぜる。
4 直径4cmの球体のフレキシパンに半分の高さまで流
  し、95℃のオーブンで20分焼き、冷凍する。

ジュリフィエ

材料（作りやすい分量）
A ┌ イチゴピュレ …… 2000 g
  └ グロゼイユピュレ …… 666 g
イチゴ（冷凍ホール）…… 2955 g
板ゼラチン …… 111.1 g（水で戻す）
コアントロー …… 155 g

作り方
1 鍋にAを入れて沸かし、イチゴを加えて煮崩れるま
  で煮る。
2 ゼラチンを加えて溶かし、コアントローを加える。

ベルガモットムース

材料（作りやすい分量）
A ┌ グラニュー糖 …… 726 g
  └ 水 …… 285 g
卵白 …… 380 g
ベルガモットピュレ …… 285 g
ピンクグレープフルーツピュレ …… 285 g
板ゼラチン …… 71 g（水で戻す）
生姜（すりおろし）…… 38 g
ベルガモットオイル …… 29滴
生クリーム（35%）…… 1330 g

作り方
1 鍋にAを合わせて火にかけ、120℃まで上げる（シ
  ロップ）。
2 卵白をミキサーで泡立てる。
3 2に1を加えてさらに泡立て、イタリアンメレンゲを作る。
4 ピンクグレープフルーツピュレの一部を取り出して
  温め、ゼラチンを加えて溶かし、残りのピュレに戻し、
  生姜を加えて混ぜる。
5 3にベルガモットピュレ、2、ベルガモットオイルを加
  え、そのつど合わせる。
6 生クリームを六分立てにし、5と合わせる。

ビスキュイジョコンド
p.65参照。直径3.5cmのセルクルで抜く。

アンビバージュ

材料（作りやすい分量）
ピンクグレープフルーツピュレ …… 100 g
ソミュール …… 10 g

作り方
1 すべての材料を混ぜ合わせる。

グラッサージュ

材料（作りやすい分量）
ナパージュヌートル …… 1200 g
ベルガモット果汁 …… 80 g
ベルガモットオイル …… 5滴

作り方
1　すべての材料を混ぜ合わせる。

ベルガモットのジュリエンヌ

材料（作りやすい分量）
ベルガモットの皮の細切り …… 50 g
レモン果汁 …… 50 g
グラニュー糖 …… 50 g
ボーメ30°シロップ …… 50 g

作り方
1　鍋にすべての材料を入れて火にかけ、一煮立ちしたら
　弱火で1分ほど加熱し、火を止めて冷蔵庫で冷やす。

その他

バラ（乾燥）

Assembly

1　クレームブリュレを凍らせた型のフチまでジュリフィエ
　を入れ、冷凍する。

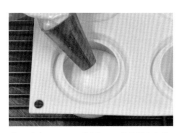

2　直径6㎝の球型の6分目程度までベルガモットムース
　を絞り入れる。

3　2に型から外した1を入れ、中心まで押し込む。

4　盛り上がったムースをパレットナイフで平らにならし、アン
　ビバージュを打ったビスキュイジョコンドをのせ、冷凍する。

5　5を型から取り出し、ビスキュイを下にして置き、グラッサー
　ジュをかける。バラ、ベルガモットのジュリエンヌを飾る。

デビュデテ

INFINI

カモミールやはちみつ、ココナッツなどの素材で、
春から夏にかけての季節の移り変わりを感じさせる初夏のガトー。
爽やかな酸味と甘みの小夏を、ソースやナパージュ、
メレンゲなど随所に使い、全体のまとめ役とした。

小夏とはちみつのソース

材料（14個分）

A
小夏果汁 …… 150 g	板ゼラチン
レモン果汁 …… 7 g	…… 3.5 g（水で戻す）
はちみつ（銀座はちみつ）	ソミュール …… 5 g

B
| グラニュー糖 …… 10 g |
| トレハロース …… 10 g |
| ペクチンLM-SN325 |
| …… 1.4 g |

＊Bは混ぜ合わせておく

作り方

1 Aを温め、Bをよく混ぜながら加え、沸かす。
2 火を止めてゼラチンとソミュールを加え、直径4cmの フレキシパンに高さ1.5cmに流し、冷凍する。

ムースカモミール

材料（作りやすい分量）

牛乳 …… 1000 g	ホワイトチョコレート
カモミール（乾燥）…… 26 g	（カボブランコ）…… 1150 g
卵黄（加糖20%）…… 500 g	生クリーム（35%）
トレハロース …… 260 g	…… 2000 g
板ゼラチン	コンパウンドクリーム
…… 60 g（水で戻す）	…… 1000 g

作り方

1 鍋に牛乳を入れて火にかけ、沸いたらカモミールを 加えて火を止め、蓋をして4分風味を移し、漉す。牛 乳（分量外）を足して合計1000 gにする。
2 ボウルに卵黄、トレハロースを合わせて泡立て器で 白っぽくなるまで混ぜる。
3 2に1を加えて混ぜ、鍋に戻して火にかけ、混ぜなが らとろみがつくまで炊く。ゼラチンを加えて溶かす。
4 別のボウルにホワイトチョコレートを入れ、3を少し ずつ加えて混ぜ、乳化させる。氷水にあて、45℃ま で冷ます。
5 生クリーム、コンパウンドクリームを合わせて六分立 てにし、4に加えて混ぜる。

クレモーココ

材料（20個分）

A
生クリーム（35%）	卵黄（加糖20%）…… 70 g
…… 100 g	グラニュー糖 …… 40 g
ココナッツピュレ	トレハロース …… 40 g
…… 100 g	板ゼラチン
小夏の皮 …… 1/2個分	…… 4 g（水で戻す）

作り方

1 鍋にAを合わせて火にかけ、沸かす。
2 ボウルに卵黄、グラニュー糖、トレハロースを合わせ て泡立て器ですり混ぜる。
3 2に1を加えて均一に混ぜ、鍋に戻して火にかける。 混ぜながら炊き、ふつふつと沸いたら火を止め、ゼラ チンを加えて溶かす。
4 直径4cmのフレキシパンに高さ1.5cmに流し、冷凍する。

ビスキュイジョコンド

材料（60cm×40cmの天板1枚分）

全卵 …… 100 g	卵白 …… 200 g
卵黄（加糖20%）…… 35 g	グラニュー糖 …… 120 g
粉糖 …… 100 g	薄力粉 …… 70 g
アーモンドパウダー	＊薄力粉はふるっておく。
…… 100 g	

作り方

1 ボウルに全卵、卵黄、粉糖、アーモンドパウダーを合 わせ、ミキサーで白くもったりするまで立てる。
2 別のボウルに卵白、グラニュー糖を合わせ、ミキサー でしなやかなメレンゲを立てる。
3 1に2の半量を加えて混ぜ、薄力粉を加えてさっくり と合わせ、残りの2を合わせる。
4 オーブンシートを敷いた天板にのばし、250℃の オーブンで6分焼く。
5 直径5cmのセルクルで抜く。

小夏メレンゲ

材料（60個分）

卵白 …… 100g
グラニュー糖 …… 50g

A［
トリモリン …… 50g
水飴 …… 42g
］

B［
小夏果汁 …… 8g
板ゼラチン
…… 3.2g（水で戻す）
］

小夏の皮 …… 1個分

＊Aは合わせて軽く温める。
＊Bは合わせて温め、ゼラチンを溶かす。

作り方

1　ボウルに卵白を入れ、ミキサーで泡立てる。グラニュー糖を少しずつ加えてさらに泡立て、メレンゲを作る。

2　Aを1に少しずつ加えてさらに泡立て、さらにBを加え、角の立ったメレンゲにする。

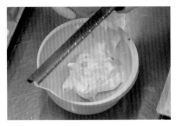

3　小夏の皮を削り入れ、混ぜる。

小夏のジュリエンヌ

p.63ベルガモットのジュリエンヌと同様に小夏の皮で作る。

ナパージュ

材料（50個分）

小夏果汁 …… 100g
ナパージュヌートル
（スプリモ）…… 200g

はちみつ（銀座はちみつ）
…… 20g

作り方

1　すべての材料を混ぜ合わせる。

その他

小夏果汁（ビスキュイジョコンドのアンビバージュ/1個あたり1g）、ココナッツファイン、小夏果肉（白ワタを残して房を切り出し小さくカットする）、エディブルフラワー

✧ *Assembly* ✧

1　直径5cm、高さ4.5cmのセルクルを並べ、中央に小夏とはちみつのソースを置く。

2　セルクルの七分目くらいの高さまでムースカモミールを絞る。

3　中央にクレモーココをのせ、埋め込む。

4 さらにムースカモミールを絞る。

5 小夏果汁を打ったビスキュイジョコンド生地をのせ、型の高さまで埋め込む。

6 型のフチでムースをすりきり、冷凍する。

7 6の型を手で温めて中身を出し、側面にココナッツファインをつける。

8 上面のフチに小夏メレンゲを1周絞る。

9 小夏のジュリエンヌ、小夏果肉、エディブルフラワーを飾り、ナパージュを絞る。

柑橘の焼き菓子、生菓子、コンフィズリー ● 生菓子

DULCE DEL SOL
赤ワインと柑橘のヴェリーヌ

thé et toi.

スペイン南端マラガの、太陽の光が降り注ぐ中で乾杯するイメージを菓子にした。
上段は赤ワインに柑橘の風味を移したゼリーで、
中にはジューシーな柑橘果肉があり、ゼリーとともに咀嚼すると口中でフレッシュなサングリアに。
下段のブランマンジェが途中で混ざることでワインの強さが和らぎ、最後まで疲れずに食べられる。

GELÉIA CARIOCA
カイピリーニャのゼリー

thé et toi.

カシャーサ（蒸留酒）、砂糖、ライム、クラッシュアイスで作る
ブラジルの国民的カクテル「カイピリーニャ」をイメージしたゼリー。
パッションフルーツやキウイ、ブルーキュラソーで爽やかさを増しながら、
ブラジル国旗を彷彿とさせる色合いに仕上げた。
「酔うお菓子」としてアルコール分を敢えて残すが、甘さとのバランスで口あたり軽やか。

柑橘の焼き菓子、生菓子、コンフィズリー ● 生菓子

DULCE DEL SOL 赤ワインと柑橘のヴェリーヌ

赤ワインゼリー

材料（30瓶分）

A ［ 赤ワイン …… 1000 g
　 水 …… 750 g
　 グラニュー糖 …… 625 g
　 レモン果汁 …… 125 g
　 オレンジ …… 2と1/2個
　 レモン …… 1個
　 シナモン …… 1本
　 フェンネルシード …… 小さじ2
　 ローズマリー（生）…… 15㎝

グラニュー糖 …… 134.7 g
ゼラチン …… 22.4 g（水で戻す）

作り方

1　オレンジは1個を16等分のざく切りにする。レモンもざく切りにする。

2　鍋に**A**を入れて火にかけ、沸騰後弱火で5分加熱する。火を止め、粗熱が取れるまでおいて香りを移し、漉す。

3　鍋に**2**の液体1800 gを入れて火にかけ、温める。グラニュー糖を加えてよく溶かし、火を止めてゼラチンを加え、溶かす。

柑橘のマリネ

材料（30瓶分）

オレンジ …… 2と2/1個
日向夏 …… 5個
河内晩柑 …… 2個
グラニュー糖 …… 30 g
コアントロー …… 37.5 g

作り方

1　柑橘は皮をむき、食べやすい大きさに切る。グラニュー糖、コアントローで和えて一晩おく。

ブランマンジェ

材料（30瓶分）

A ［ 牛乳 …… 454.5 g
　 上白糖 …… 79.5 g

B ［ 牛乳 …… 568 g
　 生クリーム …… 386 g

バニラビーンズ …… 1/4本
ゼラチン …… 15.9 g（水で戻す）

作り方

1　鍋に**A**を合わせて火にかけ、温める。火を止めてゼラチンを加え、溶かす。

2　ボウルに**B**を合わせ、**1**を加えて混ぜる。

3　**2**の少量を取り分け、バニラビーンズを加えてよく混ぜてから**2**に戻し、均一に混ぜる。

その他

レモン、ローズマリー

◆ *Assembly* ◆

1　グラスにブランマンジェ50 gを注ぎ、冷蔵庫で冷やし固める。

2　赤ワインゼリー65 g、柑橘のマリネ30 gを合わせ、**1**にのせ、冷蔵庫で冷やし固める。

3　仕上げに柑橘のマリネ液をティースプーン1杯分かけ、レモンの薄切り、ローズマリーを添える。

GELÉIA CARIOCA カイピリーニャのゼリー

ブルーゼリー

材料（20瓶分）
水 …… 84 g
ブルーキュラソー …… 36 g
板ゼラチン …… 1.2 g（水で戻す）

作り方
1 鍋に水を入れて火にかけ、温まったら火を止め、ゼラチンを加えて溶かす。
2 1にブルーキュラソーを加えて混ぜる。

パッションフルーツゼリー

材料（20瓶分）
A［ グレープフルーツジュース …… 180 g
　 グラニュー糖 …… 9 g
パッションフルーツジュース …… 419.4 g
板ゼラチン …… 7.2 g（水で戻す）

作り方
1 鍋にAを合わせて火にかけ、グラニュー糖を溶かして火を止める。
2 1にゼラチンを加え、溶かす。
3 2にパッションフルーツジュースを加えて混ぜる。

カイピリーニャゼリー

材料（20瓶分）
ライム …… 2個　　　　水 …… 709.8 g
キウイ …… 5個　　　　ライム果汁 …… 78 g
A［ カシャーサ …… 30 g　　カシャーサ …… 122.2 g
　 グラニュー糖 …… 30 g　B［ グラニュー糖 …… 78 g
＊Aは混ぜ合わせておく。　　 アガー …… 23.4 g

作り方
1 ライム、キウイはそれぞれ1個を32等分にカットし、Aで一晩マリネする。（具材）
2 鍋に水を入れて沸かし、Bを加えてグラニュー糖を溶かし、粗熱を取る。
3 2にライム果汁、カシャーサを加えて混ぜる。（ゼリー液）

レモンゼリー

材料（20瓶分）
板ゼラチン …… 3 g（水で戻す）
水 …… 110 g
グラニュー糖 …… 16 g
レモン果汁 …… 12.5 g

作り方
1 鍋に水、グラニュー糖を合わせて火にかけ、温める。火を止めてゼラチンを加え、溶かす。
2 1にレモン果汁を加え、容器に移して冷蔵庫で冷やし固める。

その他

ライム

~ Assembly ~

1 グラスにブルーゼリー6 g、パッションフルーツゼリー30 g、カイピリーニャゼリー液20 gを順に注いでそのつど冷蔵庫で冷やし固める。
2 カイピリーニャゼリーの具材40 g、ゼリー液50 gを合わせ、1の上にのせ、冷蔵庫で冷やし固める。
3 2の上にクラッシュしたレモンゼリー7 gをのせる。カットしたライムの薄切りを添える。

カッサータのクッキーサンド

SUMI BAKE SHOP

柑橘と相性のよいクリームチーズやサワークリームを使い、タンカンや金柑コンフィ、
八朔ピールなど味わいの異なる柑橘をふんだんに混ぜ込んだカッサータ。
手で気軽に食べられ、一口ごとに口に入る素材の割合が変わり最後まで飽きさせない。

カッサータ

(13.5cm×6cm×4cmのミニパウンド型1台分)

材料

A	クリームチーズ …… 34g サワークリーム …… 17g ハチミツ …… 4g	
B	生クリーム(35%) …… 33g グラニュー糖 …… 10g	

レモン果汁 …… 7g

C	グラニュー糖 …… 15g 水 …… 少々
D	グリーンピスタチオ …… 10g スライスアーモンド …… 10g

無塩バター …… 5g

タンカン果肉
　…… 80g(一口大に切る)
みかんジャム(p.29参照)
　…… 20g
八朔ピール(下記参照)
　…… 15g
金柑コンフィ(p.29)
　…… 2個分

＊Aのクリームチーズとサワークリームはやわらかくしておく。
＊Dはローストしておく。
○八朔ピール…p.20のタンカンピールと同様に八朔の皮で作る。

作り方

1 ヌガーを作る。鍋にCを入れ、火にかけて褐色に色づいたらDを加えて混ぜる。火を止めてバターを加え、なじんだらクッキングシートの上に広げて冷ます。
2 Aをボウルに入れてゴムベラでなめらかに練る。
3 Bをボウルに入れ、八分立てにする。
4 2に3、レモン果汁を加えてよく混ぜる。
5 1を手で割り、4に加える。
6 紙を敷いた型に5の1/3量を流し入れ、タンカン果肉を並べる。
7 その上に5のもう1/3量を流し入れ、みかんジャムをのせ、八朔ピール、金柑コンフィを並べる。
8 残りの5を流し入れ、表面をゴムベラで平らにならし、冷凍庫で丸一日冷やして凍らせる。

はちみつアイスクリーム

材料(作りやすい分量)

牛乳 …… 1ℓ
はちみつ …… 300g
卵黄 …… 12個分
ゼラチン …… 7g(水で戻す)
生クリーム …… 400mℓ

作り方

1 鍋に牛乳、はちみつの半量を入れて火にかけ、温める。
2 ボウルに卵黄、残りのはちみつを入れて泡立て器で混ぜる。沸騰直前の1をゆっくりと注ぎ、よく混ぜる。
3 2を鍋に戻し、火にかけて混ぜながら加熱し、とろみがついたらゼラチンを加えて混ぜ、溶かす。ボウルに移し、氷水をあてて急冷する。
4 生クリームを八分立てにし、3に加えて混ぜ、アイスクリームマシンにかける。

ココアクッキー

材料(作りやすい分量)

A	薄力粉(エクリチュール) 　…… 180g ココアパウダー …… 20g

無塩バター
　…… 100g(室温に戻す)

粉糖 …… 40g
卵黄 …… 2個分
フルール・ド・セル …… 少々
＊Aは合わせてふるっておく。

作り方

1 バターをボウルに入れてゴムベラで練り、粉糖を加えてなめらかに練る。卵黄を加えて混ぜ、均一にする。
2 1にAを加え、ゴムベラで切るように混ぜる。なじんだらラップで包み、冷蔵庫で最低30分やすませる。
3 2を4mm厚さにのばし、9cm×5.5cmに切る。シルパンを敷いた天板に並べ、細い串などで表面に穴をあける(焼成時に膨らまないように)。
4 フルール・ド・セルを散らし、170℃のオーブンで15分焼く。

❧ *Assembly* ❧

1 29.5cm×23cm×高さ5cmのバットにクッキングシートを敷き、はちみつアイスクリームの一部を入れ、カードで厚さ1cmほどに平らにならす。
2 カッサータを型から外し、1cm厚さにカットする。
3 2を1のアイスの上に並べ、アイスに埋め込む。カッサータより上に盛り上がったアイスをカードで平らにならし、冷凍庫でしっかりと冷やし固める。
4 3をカッサータが中心にくるように9cm×5.5cmにカットし、ココアクッキーでサンドする。

柑橘の焼き菓子、生菓子、コンフィズリー ● 生菓子

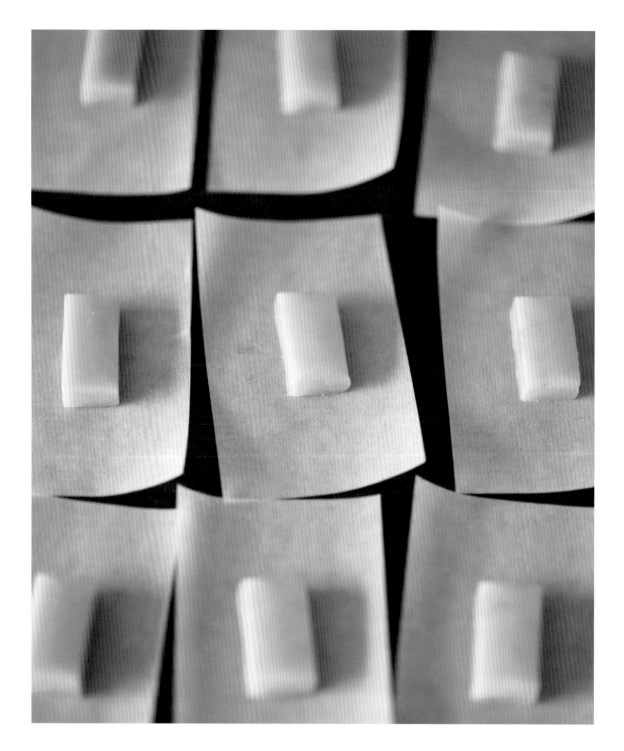

柑橘のキャラメル3種
（橙、夏みかん、九年母＋すだち＋こぶみかん）

Ensoleillé

甘くまろやかなキャラメルと、柑橘が持つ酸味との相性のよさを生かした。

橙は強い酸味と風味をストレートに楽しませ、夏みかんの爽やかな酸味にはレモンタイムの香りで奥行きを出す。

個性の強い九年母、すだち、こぶみかんの3種は、合わせることでオリエンタルな雰囲気に。

橙のキャラメル

（20㎝×20㎝×高さ1㎝程度の型1台分）

材料

牛乳 …… 170g
生クリーム（乳脂肪分35％）
　…… 255g
橙果肉（薄皮に残った
　果汁もしぼって合わせる）
　…… 170g
グラニュー糖A …… 34g
水飴 …… 34g
グラニュー糖B …… 170g
無塩バター …… 34g

作り方

1 バターを小さな角切りにし、室温に戻しておく。
2 鍋に牛乳と生クリームを入れる。
3 別の鍋に橙果肉と果汁を入れる。
4 グラニュー糖Aと水飴を銅鍋に入れる。
5 2、3を火にかけて沸かし、同じくらいの温度にする。
6 3の果肉と果汁の鍋に2を泡立て器で混ぜながら加える。

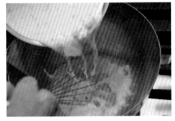

7 4を火にかけ、溶けてフツフツ沸き出したら、6を泡立て器で混ぜながら加える。

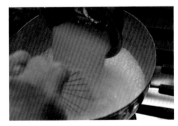

8 再度沸き始めたら、グラニュー糖Bを加え、混ぜる。

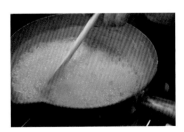

混ぜ終わったら、ゴムベラに持ち替え、中火で焦がさないように114℃まで煮詰めていく。

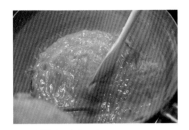

煮詰まったところ。

9 火を止め、バターを加え泡立て器で空気を入れないように手早く混ぜ溶かし、型に流し入れる。
10 そのまま冷まし、冷めたら冷凍庫に入れ、カットしやすい固さになったらカットする。

夏みかん＋レモンタイムのキャラメル

（20㎝×20㎝×高さ1㎝程度の型1台分）

材料

牛乳 …… 180g
生クリーム（乳脂肪分35％）
　…… 255g
レモンタイム（生）…… 15g
夏みかん果肉
　（薄皮に残った果汁も
　しぼって合わせる）…… 170g

グラニュー糖A …… 34g
水飴 …… 34g
グラニュー糖B …… 170g
無塩バター …… 34g

作り方

1　バターを小さな角切りにし、室温に戻しておく。
2　鍋に牛乳と生クリームを合わせ、レモンタイムをもんで加え、火にかけて沸かす。火を止めて蓋をし、10分おいて風味を移し、別の鍋に漉し入れる。
3　2と別の鍋に夏みかん果肉と果汁を入れる。
4　p.75橙のキャラメル手順4以降と同様に作る。

九年母＋すだち＋ こぶみかんのキャラメル

（20㎝×20㎝×高さ1㎝程度の型1台分）

材料（作りやすい分量）

牛乳 …… 187g
生クリーム（乳脂肪分35％）
　…… 264g
すだちの皮 …… 2個分
こぶみかんの葉 …… 97g
九年母果肉（薄皮に残った
　果汁もしぼって合わせる）
　…… 176g

すだち果汁 …… 2個分
グラニュー糖A …… 35g
水飴 …… 35g
グラニュー糖B …… 176g
無塩バター …… 35g

作り方

1　バターを小さな角切りにし、キャラメルを炊き始める前に室温に戻しておく。
2　鍋に牛乳と生クリームを合わせ、すだちの皮とこぶみかんの葉をもんで加え、火にかけて沸かす。火を止めて蓋をし、10分おいて風味を移し、別の鍋に漉し入れる。
3　2と別の鍋に九年母の果肉と果汁、すだち果汁を入れる。
4　p.75橙のキャラメル手順4以降と同様に作る。

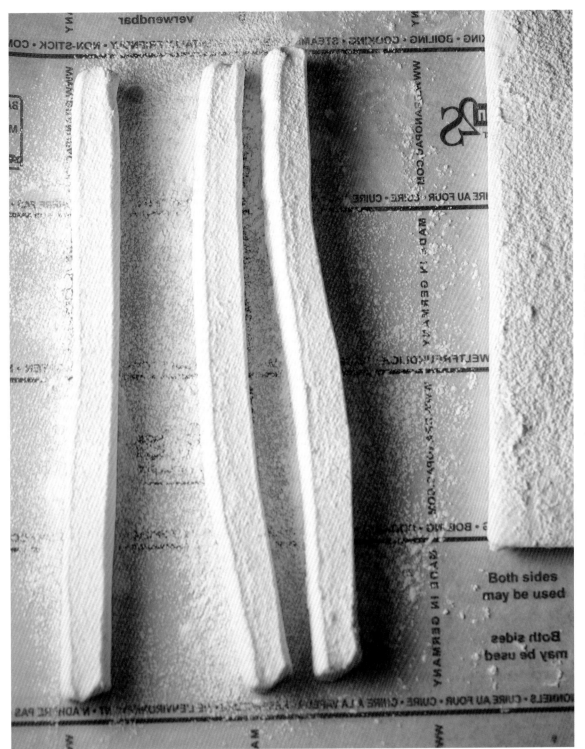

ギモーヴシトロン

INFINI

卵白を使わず、ゼラチン液にレモン果汁を混ぜ込んで泡立て、仕上げにレモンの皮を削り入れたギモーヴ。
ギモーヴ自体はごく軽い味わいのため、咀嚼中も飲み込んだ後も、レモンの風味と香りの存在を強く感じられる。

ギモーヴシトロン

ギモーヴシトロン

材料（40 cm×30 cmのカードル1台分）

A ┌ グラニュー糖 …… 450 g
　│ 水 …… 200 g
　└ 水飴 …… 375 g

B ┌ 国産レモン果汁 …… 250 g
　│ 転化糖 …… 530 g
　└ 板ゼラチン …… 100 g（水で戻す）

レモンの皮 …… 適量

C ┌ コーンスターチ、粉糖（同量）…… 適量

作り方

1 シルパットの上にカードルをのせ、混ぜ合わせたCを
　　ふるっておく。

2 鍋にAを合わせて火にかけ、110℃まで上げる。

3 ボウルにBを合わせ、ミキサーで泡立てる。

4 3に2を加えてミキサーでさらに泡立てる。

5 ボリュームが出て人肌よりも少し温かい程度に温度
　　が下がったらレモンの皮を削り入れて混ぜる。

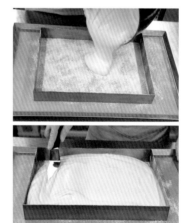

6 5をカードルに流し、平らにならす。

7 カードルのすみまでしっかり生地を入れ、冷蔵庫で
冷やし固める。

8 型を外し、混ぜ合わせたCを茶こしでふりかける。

9 細長くカットしてから一口大にカットする。

10 混ぜ合わせたCをふりかけ、全体にまぶす。

柑橘の焼き菓子、生菓子、コンフィズリー ● コンフィズリー

ギモーヴカフェ

INFINI

イタリアンメレンゲがベースの、生菓子に近い感覚の冷たいギモーヴ。
相性のよいオレンジピール、チョコレートの組み合わせに、
ハシバミを食感のアクセントとし、ギモーヴがはかなく溶ける過程でコーヒーの香りが立つ構成。

ギモーヴ

材料（40 cm×30 cmのカードル1台分）
卵白 …… 200 g
A ┌ グルコース …… 75 g
  │ 水 …… 200 g
  └ グラニュー糖 …… 750 g
ゼラチン …… 24 g（水で戻す）
トラブリカフェエキストラ …… 50 g

作り方
1　卵白はミキサーでメレンゲにする。

2　鍋にAを合わせて火にかけ、125℃まで上げる。ゼ
　ラチンを加えて溶かす。

3　1に2を加えながらさらに泡立て、すじが残るくらいに
　しっかりとしたイタリアンメレンゲにする。

4　3にトラブリカフェエキストラを加えてよく混ぜる。

5　仕上げにゴムベラで均一に混ぜる。
6　カードルにOPPシートを敷き込み、5を流して平らに
　ならし、上からもOPPシートをかぶせて密着させ、冷
　蔵庫でしっかりと冷やす。

衣

材料（作りやすい分量）
ノワゼットキャラメリゼ
┌ ハシバミ …… 100 g
│ 水 …… 20 g
│ グラニュー糖 …… 60 g
│ 塩 …… 1 g
└ 無塩バター …… 100 g

オレンジのゼストのクリスタリゼ
┌ オレンジ …… 適量
└ グラニュー糖 …… 適量
ブラックチョコレート（刻む）
　…… 適量

作り方
1　**ノワゼットキャラメリゼ**：ハシバミをオーブンで温め、
　水とグラニュー糖を合わせて115℃まで煮詰めたシ
　ロップに加え、火を止めてよく混ぜ、結晶化させる。
　火をつけて混ぜ、全体が均一にキャラメル化したら
　火を止め、塩を加えてよく混ぜる。粘りが出てきたら
　バターを加え、よく絡める。シルパットにあけて冷ま
　し、細かく刻む。
2　**オレンジのゼストのクリスタリゼ**：p.32ベルガモット
　のゼストのクリスタリゼと同様に作る。
3　1、2、ブラックチョコレートを好みの割合で混ぜ合わ
　せる。

Assembly

1　ギモーヴを一口サイズにカットし、衣をまぶす。

柑橘の焼き菓子、生菓子、コンフィズリー　●　コンフィズリー

パートドフリュイジンジャー
パンプルムース

INFINI

グレープフルーツを主体に、小夏とオレンジ、
グロゼイユの果汁も合わせて甘みと酸味のバランスをとり、
生姜の風味で切れをもたせる。
もともとは保存性を重視する菓子だが、
やわらかな食感と素材の風味を強く感じる配合で現代風に仕上げた。

パートドフリュイジンジャー
パンプルムース

材料（30㎝×20㎝のカードル1台分）

A ┌ 小夏果汁 …… 60 g
　├ オレンジ果汁 …… 150 g
　├ グレープフルーツピュレ …… 150 g
　└ グロゼイユ果汁 …… 40 g

B ┌ ペクチン …… 13.2 g
　└ グラニュー糖 …… 44 g

グラニュー糖 …… 455 g

水飴 …… 135 g

C ┌ ジンジャーパウダー …… 8 g
　└ グラニュー糖 …… 30 g

クエン酸水溶液（クエン酸と水を1:1）…… 10.8 g

＊Bは混ぜ合わせておく。

作り方

1　鍋にAを合わせて火にかけ、40℃まで上げる。

2　1にBを加えてよく混ぜる。

3　2にグラニュー糖を3回くらいに分けて加え、そのつど溶かす。

4　沸いたら水飴、混ぜ合わせたCを加え、Brix75度まで煮詰める。

5　火を止め、クエン酸水溶液を加えて混ぜる。

6　カードルに流して常温で冷ます。

7　型を外して一口大にカットし、グラニュー糖（分量外）をまぶす。

柑橘の焼き菓子、生菓子、コンフィズリー　●　コンフィズリー

小夏と生姜のコンフィチュール

unis

爽やかな小夏の香りに、清涼感ある生姜の、「似たもの同士」を合わせたコンフィチュール。
小夏の酸味をほどよく抑えるため、ワタも一緒に炊く。
加熱は小夏と生姜にちょうど火が入ったタイミングで止め、最低限の火入れで果実感を生かす。

材料（作りやすい分量）
小夏 …… 正味300 g
生姜 …… 60 g
A ┌ グラニュー糖 …… 200 g
　└ ペクチン …… 3 g
＊Aは混ぜ合わせておく。

作り方

1 小夏は皮の表面のみむき、ワタは残す。ピュレにしやすい大きさにカットして種を除き、300 g計量する。

2 生姜もピュレにしやすいようにスライスし、**1**とともにフードプロセッサーに入れる。

3 全体がなめらかなピュレになるまで撹拌する。

4 **3**を鍋に移して火にかけ、アクを取りながら10〜15分加熱する。

5 小夏と生姜に火が通ったら**A**を加えてよく混ぜ、とろみをつける。

6 煮沸した瓶に入れて手早く蓋を閉め、逆さまにして冷ます。

柑橘のボンボンショコラ3種

Social Kitchen TORANOMON

一口の中に素材の味わいをとじ込めるボンボンショコラ。
ライムベルガモット、シトロン（レモン）、オレンジをテーマにそれぞれ構成を変え、
素材の風味豊かなボンボンとした。

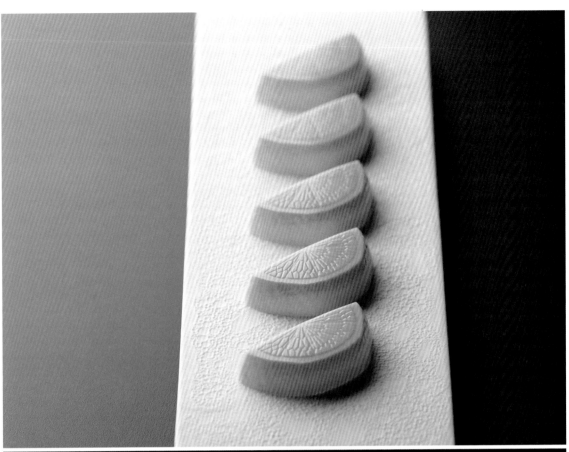

柑橘の焼き菓子、生菓子、コンフィズリー ● ボンボンショコラ

ライムベルガモット

香酸柑橘の鋭い酸味や香り、熟した柑橘にはないえぐみなどの強い味わいに、
ミルキーで甘い香りのココナッツを合わせ、
柑橘の個性を生かしながら味に丸みと重厚感を出した。

コーティングショコラ
ノワールベルガモット

材料（作りやすい分量）
ブラックチョコレート（55%）…… 1000 g
土佐ベルガモットオイル（スタジオオカムラ）…… 2 g

作り方

1　ブラックチョコレートを45℃に温め、ベルガモットオイルを加えて混ぜる。

ガナッシュショコラレノアドゥココ

材料（作りやすい分量）
A ┌ パートドカカオ …… 43 g
　│ ミルクチョコレート（40%）…… 173 g
　└ ブラックチョコレート（65%）…… 227 g
B ┌ ココナッツピュレ …… 117 g
　│ 生クリーム（35%）…… 234 g
　│ ソルビトール …… 119 g
　└ グルコースシロップ（DE60）…… 14 g
ココナッツリキュール（マリブココナッツ）…… 37 g
無塩バター …… 37 g

作り方

1　鍋にBを合わせて火にかけ、沸かす。
2　ボウルにAを合わせ、1を加えて泡立て器で混ぜ、乳化させる。
3　ココナッツリキュール、バターを加えて混ぜ、乳化させる。

ガナッシュショコラブランベルガモット

材料（作りやすい分量）
A ┌ ホワイトチョコレート（35%）…… 296 g
　└ カカオバター …… 59 g
B ┌ 生クリーム（35%）…… 339 g
　│ グラニュー糖 …… 128 g
　│ 転化糖 …… 17 g
　└ ベルガモットの皮 …… 5 g
ベルガモットピュレ …… 154 g
土佐ベルガモットオイル（スタジオオカムラ）…… 2 g

作り方

1　鍋にBを入れて火にかけ、沸かす。
2　ボウルにAを入れ、1を加えて泡立て器で混ぜ、乳化させる。
3　沸かしたベルガモットピュレを加えて混ぜ、乳化させる。
4　ベルガモットオイルを加えて混ぜ、乳化させる。

パートドゥフリュイシトロンヴェール

材料（作りやすい分量）

A ⌈ ライム果汁 …… 438 g
　└ 水 …… 39 g

B ⌈ グラニュー糖A …… 331 g
　└ 水飴 …… 37 g

C ⌈ グラニュー糖B …… 105 g
　└ ペクチンHM …… 19 g

D ⌈ ケレモル …… 5 g
　└ 水 …… 5 g

ライチリキュール …… 22 g
水溶き色素（青、黄）…… 各適量

作り方

1 鍋に**A**、**B**を合わせ、火にかけて混ぜる。40℃以上に
　なったら**C**を加え、107℃まで煮詰める。途中水溶
　き色素を加え、好みの色に調整する。

2 ライチリキュール、**D**を加えて混ぜ、4mm厚さに流し
　て固める。12時間以上おく。

3 表面にグラニュー糖（分量外）をまぶし、直径2.4cm
　の丸セルクルで抜く。

Assembly

1 直径3cmの半球型に、テンパリングした31.5℃のコー
　ティングショコラノワールベルガモットを流して薄めに
　型どる。

2 31℃のガナッシュショコラレノアドゥココを**1**の型の半
　分まで絞り入れる。

3 その上に31℃のガナッシュショコラブランベルガモッ
　トを型のすりきりまで絞る。18℃の場所に12時間お
　いて安定させ、型から外す。

4 ガナッシュブランベルガモットの上にパートドゥフリュ
　イシトロンヴェールをのせコーティングショコラノワー
　ルベルガモットでコーティングをする。

柑橘の焼き菓子、生菓子、コンフィズリー ● ボンボンショコラ

シトロン

段階的な香りの変化を楽しむ一粒。
咀嚼すると、最初はレモンそのものを感じさせる濃厚なマーマレードが広がる。
次に生と乾燥のベルベーヌで重層的に香りづけしたガナッシュが溶け出し、
余韻に残るレモンオイルの香りが、レモンの一粒という印象を強める。

コーティングショコラブラン

材料（作りやすい分量）
ホワイトチョコレート（29%）…… 1000 g
レモンオイル（スタジオオカムラ）…… 2 g

作り方
1　ホワイトチョコレートを溶かし、42℃にする。
2　レモンオイルを加えて混ぜる。

コンフィチュールシトロン

材料（作りやすい分量）
A［レモンの皮
　　（3度ゆでこぼしみじん切りにしたもの）…… 220 g
　レモン果汁 …… 295 g
　水 …… 59 g
　クエン酸 …… 10 g
B［ペクチンLMSN325 …… 2 g
　グラニュー糖 …… 50 g
グラニュー糖 …… 319 g
トリモリン …… 15 g
レモンチェロ …… 30 g
＊Bは混ぜ合わせておく。

作り方
1　鍋にAを入れて火にかけ、40℃まで上げる。
2　1を泡立て器で撹拌しながらBをふり入れ、90℃以上に加熱する。
3　グラニュー糖を数回に分けて加え、溶かす。
4　Brix63度まで煮詰める。
5　トリモリン、レモンチェロを加えて混ぜ、バットに広げ、冷ます。

ガナッシュショコラレベルベーヌ

材料（作りやすい分量）
A［ブラックチョコレート（66%）…… 164 g
　ミルクチョコレート（40%）…… 304 g
B［生クリーム（35%）…… 412 g
　ベルベーヌ（生）…… 27 g
　ベルベーヌ（乾燥）…… 8 g
　レモンの表皮 …… 3個分
C［ソルビトール …… 42 g
　トリモリン …… 14 g
　グルコースシロップ（DE60）…… 27 g

作り方
1　鍋にBを合わせて火にかけ、沸かす。蓋をして火を止め、10分おいて風味を移す。
2　1を漉し、生クリーム（分量外）を加えて412 gにする。
3　2にCを加えて火にかけ、沸騰させる。
4　ボウルにAを合わせ、3を加えて泡立て器で混ぜ、乳化させる。

その他
色素入りカカオバター（黄）

Assembly

1　色素入りカカオバターをチョコレートの型に吹きつける。テンパリングした30.5℃のコーティングショコラブランで型取る。
2　コンフィチュールシトロンを型の半分まで絞り入れる。
3　その上に30℃のガナッシュショコラレベルベーヌを型のフチぎりぎりまで絞り入れる。
4　テンパリングしたコーティングショコラブランを流し、蓋をする。18℃の場所に12時間おいて安定させ、型から外す。

オレンジ

オレンジのピュレ、ガナッシュ、オレンジ風味のプラリネの三層。
酸味のきいたオレンジに対し、
ふくよかなミルクチョコレートで味わいの変化をつけながらまとめた。
余韻にプラリネの細かなナッツのテクスチャーを感じさせる。

ジュレオランジュ

材料(作りやすい分量)
オレンジピュレ …… 528 g
A ┌ 水 …… 248 g
　└ 水飴 …… 82 g
B ┌ ペクチンLM325 …… 10 g
　└ グラニュー糖 …… 132 g
＊Bは混ぜ合わせておく。

作り方
1　鍋にオレンジピュレ、Aを合わせ、火にかけて混ぜ、40℃まで上げる。
2　1にBを加えて混ぜ、107℃まで煮詰める。
3　室温で冷ます。

ガナッシュオランジュ

材料(作りやすい分量)
A ┌ ミルクチョコレート(40%) …… 245 g
　│ ブラックチョコレート(66%) …… 460 g
　└ パートドカカオ …… 77 g
B ┌ 生クリーム(35%) …… 421 g
　│ オレンジの表皮 …… 27 g
　│ ソルビトール …… 215 g
　└ グルコースシロップ(DE60) …… 25 g
オレンジピュレ …… 245 g
無塩バター …… 67 g

作り方
1　鍋にBを合わせて火にかけ、沸かす。
2　ボウルにAを合わせ、1を加えて泡立て器で混ぜ、乳化させる。
3　沸かしたオレンジピュレを2に加えて混ぜ、乳化させる。バターを加えて混ぜ、乳化させる。

プラリネノワゼットオランジュ

材料(作りやすい分量)
ヘーゼルナッツ …… 305 g
グラニュー糖 …… 305 g
水 …… 75 g
オレンジ表皮(乾燥) …… 108 g
C ┌ カカオバター …… 41 g
　└ ミルクチョコレート(40%) …… 240 g

作り方
1　鍋にグラニュー糖、水を合わせて火にかけ、120℃になったら火を止め、温めておいたヘーゼルナッツを絡めて再結晶させる。
2　再び火にかけキャラメリゼさせ、シルパットに広げる。
3　2、オレンジ表皮をフードプロセッサーにかけてペースト状にし、45℃にしたCと混ぜ合わせる。

その他

色素入りカカオバター(オレンジ)、コーティングショコラブラン(ホワイトチョコレート)

✦ *Assembly* ✦

1　色素入りカカオバターをチョコレート型に吹きつける。テンパリングした30.5℃のコーティングショコラブランで型取る。
2　31℃のジュレオランジュを型の3割まで絞り入れる。
3　31℃のガナッシュオランジュを型の7割まで絞り入れる。
4　29℃のプラリネノワゼットオランジュを型のフチぎりぎりまで絞り入れる。
5　テンパリングしたコーティングショコラブランで蓋をする。18℃の場所に12時間おいて安定させ、型から外す。

生産者に近い場所で作るデザート

軽井沢ホテルブレストンコート

柑橘の果実の旬は主に秋から冬ですが、
その他の季節も畑は日々変化し続けています。
ほんの数日で咲き終わる花や、これから大きくなる青い果実。
生産者との交流により得られる素材で作る、
初夏の柑橘のデザートを紹介します。

レモンタルト

一般流通のサイズまで成長しなかった小さなレモン（ピンクレモネード）を生産者から購入。
器とし、レモンタルトの要素で菓子を構成した。
テイクアウトを想定したもので、ローズマリーやレモンバーベナの香りをきかせ、
個性的なビジュアル、風味ともにフレッシュ感を生かしている。

グラニテキャンディ

コースの肉料理の後の、口直しの小さなデザート。
冬場、地元で収穫されるレモンを漬けておいたリモンチェロがベースで、
アルコールにより結晶が細かく口溶けがよくなり、
風味とともに温度でも口中をリフレッシュさせる。
エルダーフラワーで初夏の香りを添える。

柑橘の焼き菓子、生菓子、コンフィズリー──── 生産者に近い場所で作るデザート

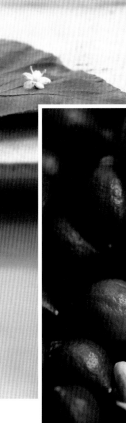

レモンやオレンジがハウス栽培される信州、喬木（たかぎ）村。温暖な地域に比べて花の季節はやや遅く、この年は6月上旬でまだ花の咲いている品種も。小さな果実は摘果レモンで、中はようやくさじょうができてきたところだが、皮にはライムのような爽やかな香りがある。右上は流通しづらい規格外サイズのレモン「ピンクレモネード」。

葛練りパンナコッタ

白ごまの葛練りに、八朔のコンポートの組み合わせは、八朔畑に向かう途中に偶然ごまの畑があったことから着想。
収穫期に使いきれず冷凍した八朔を、実が崩れても遜色ないコンポートとし、
個性的な苦みで葛練りのまったりとした風味を引き締める。レモンの皮や葉のオイルで柑橘の香りを重ねた。

カンノーロ

冬から春にかけて仕込んでおいた柑橘のピールや、リモンチェロ、
地元産のくるみをリコッタクリームに混ぜ込み、イタリアの素朴な菓子で信州を表現。
仕上げに摘果のフレッシュマイヤーレモンの皮を削りかけ、
畑で摘んできたレモンの花のピクルスをアクセントとしている。
生地はごく薄く、クリームや具材の食感を引き立てている。

柑橘の焼き菓子、生菓子、コンフィズリー ● 生産者に近い場所で作るデザート

レモンタルト

レモンシャンティイ

材料（10人分）
レモンクリーム
　（p.100マイヤーレモンクリーム参照）…… 100 g
生クリーム（38%）…… 200 g

作り方
1　レモンクリームと泡立てた生クリームを混ぜ合わせる。

ローズマリークランブル

材料（10人分）
無塩バター …… 50 g
グラニュー糖 …… 45 g
薄力粉 …… 50 g
アーモンドパウダー
　…… 50 g
ローズマリー …… 3 g

作り方
1　すべての材料をフードプロセッサーで撹拌し、そぼろ
　状にする。
2　シルパットを敷いた天板に**1**を散らし、160℃のオー
　ブンで12分焼く。

ピンクレモネードと
パッションフルーツクリーム

材料（10人分）
A［
　全卵 …… 45 g
　グラニュー糖 …… 80 g
　コーンスターチ …… 3 g
　ピンクレモネード果汁
　　…… 40 g
　パッションフルーツ果汁
　　…… 25 g
］
粉ゼラチン
　…… 1.5 g（水7.5 gで戻す）
無塩バター …… 80 g

作り方
1　鍋に**A**を合わせて混ぜる。
2　**1**を火にかけ、混ぜながらしっかりと沸騰するまで加
　熱し、火を止めてゼラチンを加え、混ぜる。氷水にあ
　てて40℃くらいまで冷やす。
3　**3**にバターを加え、ハンドブレンダーで撹拌し均一に
　する。
4　冷蔵庫で3時間ほど冷やす。

レモンスフレ生地

材料（10人分）
A［
　卵黄 …… 40 g
　グラニュー糖 …… 40 g
　コーンスターチ …… 25 g
］
B［
　ヨーグルト …… 110 g
　フレッシュチーズ …… 110 g
　レモンの皮 …… 1.5 g
］
卵白 …… 60 g
グラニュー糖 …… 30 g

作り方
1　ボウルに**A**を合わせて泡立て器で混ぜる。
2　**1**に**B**を加えて混ぜる。
3　別のボウルに卵白、グラニュー糖を入れてメレンゲを
　立て、**2**に加えてゴムベラで合わせる。
4　**3**を直径4 cmのフレキシパンに流し、190℃のオーブ
　ンで10分焼く。

レモンバーベナメレンゲ

材料（10人分）
水 …… 80 g
レモンバーベナ …… 15 g
グラニュー糖A …… 150 g
トレハロース …… 50 g
卵白 …… 120 g
グラニュー糖B …… 15 g
レモンビネガー（下記参照）…… 5 g
○レモンビネガー…瓶に白ワインビネガー100 g、氷砂糖150 g、レモンス
　ライス100 gを層にして詰め、3日ほどおく。

作り方
1　水を沸かしてレモンバーベナを加え、蓋をして10分
　ほどおいて風味を移す。
2　**1**を漉して鍋に入れ、グラニュー糖A、トレハロース
　を加えて火にかける。118℃まで上げる。
3　ボウルに卵白、グラニュー糖Bを合わせ、ミキサーで
　メレンゲを立てる。
4　**3**に**2**を加えてさらにしっかりと立てる。
5　仕上げにレモンビネガーを加えて混ぜる。

その他
ピンクレモネード（器）、レモンの皮のチップ

Assembly

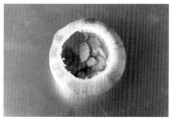

1 ピンクレモネードの上部をカットし、中身をくり抜き、器を作る。中にレモンシャンティイを絞り、ローズマリークランブルを散らす。

2 ピンクレモネードとパッションフルーツクリームを絞る。

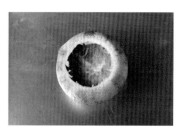

3 クリームの上にレモンスフレ生地を置く。

4 その上にレモンシャンティイを絞り、さらにレモンバーベナメレンゲを絞る。
5 メレンゲをバーナーで炙り、焼き色をつける。
6 レモンの皮のチップを飾る。

柑橘の焼き菓子、生菓子、コンフィズリー ● 生産者に近い場所で作るデザート

グラニテキャンディ

リモンチェログラニテ

材料（10人分）
水 …… 100 g
グラニュー糖 …… 40 g
リモンチェロ（下記参照）…… 200 g
マイヤーレモン果汁 …… 100 g
○リモンチェロ…マイヤーレモンの皮をピーラーでむき、皮を瓶に入れ、スピリタスを注いで1週間ほどおく。

作り方
1 鍋に水、グラニュー糖を合わせて火にかけ、沸かす。
2 1にリモンチェロ、マイヤーレモン果汁を加えて混ぜ、バットに流す。
3 2を冷凍庫で冷やし固めながらフォークでときどき削る。細かくなるまで繰り返す。

エルダーフラワーパルフェ

材料（10人分）
水 …… 20 g
グラニュー糖 …… 75 g
卵黄 …… 60 g
エルダーフラワーシロップ …… 20 g
生クリーム（42%）…… 115 g

作り方
1 鍋に水、グラニュー糖を合わせて火にかけ、120℃まで上げる。
2 ミキサーで卵黄を泡立て、1を少しずつ加えてさらに泡立てる。
3 ミキサーで撹拌しながら冷まし、エルダーフラワーシロップを加える。
4 生クリームをしっかりと泡立て、3に加えて合わせ、1cm厚さに流して冷凍する。
5 4を直径3cmのセルクルで抜き、冷凍庫でしっかりと冷やす。

その他
小菊、フィンガーライム、エルダーフラワー

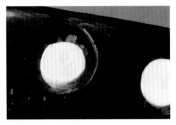

1 リモンチェログラニテを直径4cmのフレキシパンの高さの半分ほど詰め、中央にエルダーフラワーパルフェを置く。

2 再びグラニテを詰め、上部をきれいにならす。

3 器にレモンの葉（分量外）を敷いて**1**をのせ、小菊、フィンガーライム果肉、エルダーフラワーを散らす。

葛練りパンナコッタ

マイヤーレモンソース

材料（10人分）

A ┌ 牛乳 …… 50g
  │ 生クリーム …… 200g
  └ マイヤーレモン果汁 …… 65g
卵黄 …… 45g
グラニュー糖 …… 80g

作り方

1 鍋に**A**を合わせて火にかけ、沸かす。

2 ボウルに卵黄、グラニュー糖を合わせて混ぜ、**1**を加えて混ぜる。

3 鍋に戻して再び火にかけ、混ぜながら85℃まで上げる。ハンドブレンダーで全体を均一にする。

4 氷水でしっかりと冷やす。

葛練り

材料（10人分）
葛粉 …… 50g
水 …… 350g
グラニュー糖 …… 90g
牛乳 …… 350g
白ごまペースト …… 20g
レモンの皮（すりおろす）…… 3g

作り方

1 鍋に葛粉を入れ、水を少しずつ加えてダマなく溶く。グラニュー糖を加えて混ぜる。

2 **1**に牛乳を加えて混ぜ、火にかけて混ぜながら加熱し、しっかりと炊き上げる（沸騰してから10分ほど）。

3 **2**に白ごまペーストとレモンの皮を加えて混ぜる。

4 直径4cmのセルクルに流し、冷蔵庫で冷やし固める。

八朔コンポート

材料（10人分）
八朔果汁 …… 200g
八朔果肉 …… 100g
コーンスターチ …… 5g

作り方

1 鍋にコーンスターチを入れて八朔果汁を加え、ダマなく溶きのばして火にかけ、沸騰させる。

2 **1**に八朔果肉を加えて混ぜ、容器に移して冷蔵庫で冷やす。

レモンの皮のオイル

材料
レモンの皮 …… 適量
オリーブオイル …… 適量

作り方
1 オリーブオイルにレモンの皮をつけ、1週間ほどおく。

レモンの葉のオイル

材料（10人分）
レモンの葉 …… 適量
オリーブオイル …… 適量

作り方
1 オリーブオイルにレモンの葉をつけ、1週間ほどおく。

その他

バジルチップ（素揚げ）

 *Assembly*

1 器にマイヤーレモンソースを敷く。
2 その上に葛練りを置き、セルクルを外す。
3 葛練りの上に八朔コンポートをのせ、レモンの皮のオイルをたらし、バジルチップを飾る。レモンの葉のオイルを全体にさっとかける。

カンノーロ

リコッタクリーム

材料（10人分）
リコッタチーズ …… 450 g
粉糖 …… 60 g
リモンチェロ（p.97リモンチェログラニテ参照）…… 30 g
摘果マイヤーレモンの皮 …… 5 g

作り方
1 ボウルにリコッタチーズを入れ、粉糖、リモンチェロを加え、さらに摘果マイヤーレモンの皮を削り入れて混ぜる。

オレンジピール

材料（作りやすい分量）
タロッコ …… 適量
水 …… 500 g
グラニュー糖 …… 250 g

作り方
1 タロッコを半分にカットし、果汁をしぼる（ここでは果汁は使わない）。湯（分量外）を沸かし、皮をゆでる。
2 1の皮をざるにあげ、温かいうちに内側の薄皮をこそげ落とす。
3 鍋に水、グラニュー糖を合わせて火にかけ、沸かす（シロップ）。2を加えて火を止め、落とし蓋をして一晩おく。
4 3の皮を取り出し、鍋を火にかけてシロップを沸かす。皮を戻し入れて火を止め、落し蓋をして一晩おく。これを1週間繰り返す（Brix60〜65度を目安に仕上げる）。

柑橘の焼き菓子、生菓子、コンフィズリー ● 生産者に近い場所で作るデザート

くるみロッシェ

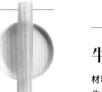

材料（作りやすい分量）
卵白 …… 20 g　　　粉糖 …… 20 g
グラニュー糖 …… 75 g　　くるみ …… 200 g

作り方
1　ボウルに卵白、グラニュー糖を合わせ、メレンゲを立てる。
2　1に粉糖、刻んだくるみを加えて混ぜる。
3　2をシルパットを敷いた天板に広げ、130℃のオーブンで40分焼く。

チュイル生地

材料（10人分）
A ｜ 水 …… 75 g
　 ｜ 水飴 …… 75 g
　 ｜ グラニュー糖 …… 150 g
フィヤンティーヌ …… 35 g

作り方
1　鍋にAを合わせて火にかけ、160℃まで煮詰める。
2　1にフィヤンティーヌを加えて混ぜ、シルパットに流し、冷めたらフードプロセッサーでパウダー状にする。
3　シルパットの上に12 cm×7 cmのすり込み型を敷き、2をふり、180℃のオーブンで溶かす。
4　3を一度冷ましてシルパットから外し、再度オーブンで軽く温め、冷めないうちに直径3 cmの棒に巻きつけてチューブ状にする。

マイヤーレモンクリーム

材料（10人分）
A ｜ 全卵 …… 45 g
　 ｜ グラニュー糖 …… 80 g
　 ｜ コーンスターチ …… 3 g
　 ｜ マイヤーレモン果汁 …… 65 g
粉ゼラチン …… 1.5 g（水7.5 gで戻す）
無塩バター …… 80 g

作り方
1　鍋にAを合わせて混ぜ、火にかける。混ぜながらしっかり沸騰するまで加熱する。
2　ゼラチンを加えて混ぜ、氷水にあてて40℃くらいまで冷ます。
3　2にバターを加え、ハンドブレンダーで撹拌する。
4　冷蔵庫で3時間ほど冷やす。

レモンの花とつぼみのピクルス

材料（作りやすい分量）
A ｜ 酢 …… 100 g
　 ｜ はちみつ …… 50 g
　 ｜ 白ワイン …… 80 g
　 ｜ 水 …… 20 g
レモンの花とつぼみ …… 適量

作り方
1　鍋にAを合わせて火にかけ、沸騰させ、冷ます。
2　1にレモンの花とつぼみをつけ、3時間ほどおく。

牛乳と実山椒の泡

材料（作りやすい分量）
牛乳 …… 350 g
実山椒 …… 5 g
水飴 …… 50 g

作り方
1　牛乳に実山椒を加えて一晩おき、風味を移す。
2　1を漉してビーカー等に入れ、水飴を加えて火にかけ、温める。
3　エアーポンプで泡立てる。

その他

エディブルフラワー（マリーゴールド、ヴィオラ、ペンタス）

Assembly

1　リコッタクリーム全量に刻んだオレンジピール60 g、くるみロッシェ40 gを加えて混ぜる。
2　チュイル生地に1を詰める。
3　器にマイヤーレモンクリームを細い線状に絞り、その上に2を置く。
4　2の上にマイヤーレモンクリームを細い線状に絞り、エディブルフラワーとレモンの花とつぼみのピクルスを飾る。器に牛乳と実山椒の泡を添える。

Chapter.3

柑橘のかき氷、
パフェ、デザート

かき氷 レモン オリーブ

Florilège

親しみやすいレモンの甘酸っぱさだが、シロップに敢えて皮の苦みを出し、
オリーブの塩気を合わせることで味わいに輪郭をつける。
中に仕込んだレモンゼリーはシロップと同じ配合にゼラチンを加えたもの。
重さを出すためにフロマージュブランのソースをかけるが、
最低限の量にとどめ、無駄のない食感と味の変化で最後まで「レモン」を飽きさせない。

かき氷 ブラッドオレンジ アマゾンカカオ

Florilège

すっきりとした酸味とコク、特有のタンニンのような風味を持つブラッドオレンジと、
風味の共通項が多いアマゾンカカオの相性を楽しむ。レモン（左記）同様シロップに皮の苦みを出し、
中にコンフィを仕込むなどで最後まで飽きさせないが、これは氷の冷たさで舌の繊細な感覚が鈍ることを考慮し、
風味、食感に適度な粗さを作り、味わいのフックとするためでもある。

柑橘のかき氷、パフェ、デザート ● かき氷

かき氷 レモン オリーブ

レモンシロップ

材料（作りやすい分量）
レモン …… 4個
水 …… 300 g
グラニュー糖 …… 300 g

作り方
1 レモンは皮をむき、果汁をしぼる。
2 鍋に1の皮と水を入れて火にかけ、沸いたら火を止めて30分おく。
3 2の液体を別の鍋に漉し入れる。グラニュー糖を加えて火にかけ、沸かしてグラニュー糖を溶かす。冷ます。
4 3に1の果汁を加える。

レモンゼリー

材料（作りやすい分量）
レモン …… 2個分
水 …… 150 g
グラニュー糖 …… 150 g
板ゼラチン …… 10 g（水で戻す）

作り方
1 レモンシロップの手順1〜3と同様に作り、ゼラチンを加えて溶かす。
2 1の粗熱が取れたらレモン果汁を加えて混ぜ、冷蔵庫で冷やし固める。

フロマージュブランソース

材料（作りやすい分量）
フロマージュブラン …… 50 g
グラニュー糖 …… 50 g
塩 …… ごく少量

作り方
1 全ての材料を混ぜ合わせる。

オリーブパウダー

材料（作りやすい分量）
オリーブ …… 30 g

作り方
1 オリーブの種を抜き、食品乾燥機で半日〜1日乾燥させる。
2 1をミキサーにかけ、パウダー状にする。

その他

かき氷用の氷、オリーブオイル

⟨ Assembly ⟩

1 かき氷機で氷を3回に分けて器に削り入れる。

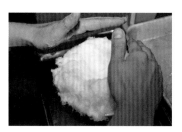

2 最初の1回を削り入れたら氷の上面が平らになるように両手でふんわりと形を整える。

3　レモンシロップを氷の全面にしみるようにかける。

4　2回目の氷を削り、先に削った氷を覆う。両手で丸く
　形を整える。

5　再びレモンシロップを氷全面にしみるようにかける。

6　レモンゼリーをのせる。

7　3回目の氷を削り、4で削った氷を覆う。両手で丸く
　形を整える。

8　三度レモンシロップをかける。丸い形を保つようまん
　べんなくかける。

9　フロマージュブランソースをかける。

10　オリーブパウダー、オリーブオイルをかける。

かき氷 **ブラッドオレンジ アマゾンカカオ**

ブラッドオレンジコンフィ

材料（作りやすい分量）
ブラッドオレンジ …… 2個（300g）
グラニュー糖A …… 200g
水 …… 200g
グラニュー糖B …… 100g

作り方
1 ブラッドオレンジは2mm厚さにスライスする。
2 鍋にグラニュー糖Aと水を入れ、火にかけて沸かす。
3 2に1を加えて沸かす。落し蓋をしてごく弱火で30分加熱し、火を止めてそのまま常温で1日おく。
4 3にグラニュー糖Bを加えて火にかけ、沸かす。ごく弱火で30分加熱し、火を止めてそのまま常温で1日おく。
5 4の鍋底のブラッドオレンジと上のほうのブラッドオレンジを崩さないように入れ替える。火にかけて沸かし、ごく弱火で30分加熱し、冷ます。

カカオアイスパウダー／ガナッシュ

材料（作りやすい分量）
カカオ（アマゾンカカオ）…… 50g
生クリーム（43%）…… 100g
グラニュー糖 …… 100g

作り方
1 カカオは湯煎で溶かす。
2 鍋に生クリーム、グラニュー糖を合わせて火にかけ、グラニュー糖を溶かす。
3 1、2を合わせてハンドブレンダーにかけ、乳化させる（ガナッシュはここで完成）。
4 3をクッキングシートに薄くのばし、冷凍する。
5 4を砕いてボウルに入れ、液体窒素を加えて細かく砕き、パウダー状にする。

ブラッドオレンジシロップ

材料（作りやすい分量）
ブラッドオレンジ …… 5個
水 …… 400g
グラニュー糖 …… 400g

作り方
1 ブラッドオレンジは皮をむき、果汁をしぼる。
2 鍋に1の皮と水を入れて火にかけ、沸いたら火を止めて30分おく。
3 2の液体を別の鍋に漉し入れる。グラニュー糖を加えて火にかけ、沸かしてグラニュー糖を溶かす。冷ます。
4 3に1の果汁を加える。

カカオのエスプーマ

材料（作りやすい分量）
カカオ（アマゾンカカオ）…… 70g
牛乳 …… 200g
グラニュー糖 …… 400g
生クリーム（43%）…… 50g

作り方
1 カカオは湯煎で溶かす。
2 鍋に牛乳、グラニュー糖を合わせて火にかけ、沸かす。
3 1、2を合わせてハンドブレンダーにかけ、乳化させる。漉して冷ます。
4 3に生クリームを加えて混ぜ、エスプーマのディスペンサーに入れる。冷蔵庫で冷やす。

その他
かき氷用の氷

⌦ *Assembly* ⌫

1 刻んだブラッドオレンジコンフィをガナッシュと適量ず
  つ混ぜ合わせる。
2 かき氷機で氷を3回に分けて器に削り入れる。最初の
  1回を削り入れたら氷の上面が平らになるように両手
  でふんわりと形を整える。
3 ブラッドオレンジシロップを氷の全面にしみるようにか
  ける。

4 中央に**1**をのせる。

5 2回目の氷を削り、先に削った氷を覆う。両手で丸く形
  を整える。

6 ブラッドオレンジシロップを氷全面にしみるようにか
  ける。

7 3回目の氷を削り、先に削った氷を覆う。両手で丸く形
  を整える。

8 氷の側面を中心にブラッドオレンジシロップをかける。

9 氷の上にカカオのエスプーマを絞る。

10 エスプーマにカカオアイスパウダーをかける。

桜島小みかんのグラスデザート

L'atelier à ma façon

温州みかんに比べ、とても小さい桜島小みかん。
フルーツ大福のイメージで白あんのゼリーと丸ごと1個の小みかんを合わせ、
果汁とあんの混ざるおいしさを表現。
抹茶や酒粕など和の風味を合わせて大福のイメージを広げながら、
最後はみかんのコンフィチュールで締める。

柑橘のかき氷、パフェ、デザート ● パフェ

みかんコンフィチュール

材料（作りやすい分量）

A［みかんの皮 …… 1個分
　みかん果肉 …… 1個分
グラニュー糖 …… Aの総量の20%
コアントロー …… 適量

作り方

1 鍋にA、グラニュー糖を合わせて火にかけ、水分をとばす。
2 1にコアントローを加えて加熱し、沸いたら火を止め、冷ます。

ビスキュイジョコンド

材料（50cm×30cmの天板1枚分）
全卵 …… 225g

A［アーモンドパウダー …… 120g
　ヘーゼルナッツパウダー …… 50g
　粉糖 …… 170g
卵白 …… 148
グラニュー糖 …… 22g
無塩バター …… 34g
＊Aは合わせてふるっておく。

作り方

1 ボウルに全卵を入れ、ミキサーで泡立てる。
2 別のボウルに卵白、グラニュー糖を合わせてミキサーで泡立てる。
3 1にAを加え、ゴムベラでさっくりと合わせる。
4 3に2を加え、さっくりと合わせる。
5 バターを鍋に入れて火にかけ、焦がしバターにして4に加え、さっくりと合わせる。
6 オーブンシートを敷いた天板にのばし、180℃のオーブンで10分焼く。丸く抜く。

白あんゼリー

材料（作りやすい分量）
白あん …… 500g
牛乳 …… 50g

A［パールアガー8 …… 30g
　グラニュー糖 …… 70g
水 …… 380g

作り方

1 ボウルに白あんを入れ、牛乳でのばす。
2 水を温め、Aを加えて溶かす。1に加えて混ぜる。
3 カードルに7mm厚さに流し、冷蔵庫で冷やし固め、丸く抜く。

抹茶クランブル

材料（作りやすい分量）
無塩バター …… 400g（冷たいもの）

A［アーモンドパウダー …… 360g
　薄力粉 …… 440g
　抹茶 …… 53g
　グラニュー糖 …… 400g

作り方

1 ミキサー（ビーター）にAを合わせ、撹拌する。
2 1に角切りにしたバターを加え、そぼろ状になるまで撹拌する。
3 2をシルパットを敷いた天板に広げ、150℃のオーブンで15分焼き、100℃に下げてさらに15分焼く。

コンフィチュールテヴェール

材料（作りやすい分量）

A［牛乳 …… 500g
　グラニュー糖 …… 140g
　水飴 …… 70g
B［抹茶 …… 15g
　グラニュー糖 …… 10g

作り方

1 鍋にAを合わせて火にかけ、1/3量まで煮詰める。
2 1にBを加えて混ぜる。

酒粕アイス

材料（作りやすい分量）
牛乳 …… 550g
生クリーム …… 550g
酒粕 …… 200g
トリモリン …… 200g
上白糖 …… 70g

作り方

1 鍋に牛乳、生クリームを合わせて火にかけ、酒粕を加えて混ぜ、蓋をして火を止め、10分蒸らす。
2 1にトリモリン、上白糖を加えて溶かし、冷ます。
3 アイスクリームマシンにかけ、1.5cm厚さにならして冷凍し、丸く抜く。

桜島小みかん

材料（1杯分）
桜島小みかん …… 1個
湯 …… 適量
重層 …… 適量

作り方
1　湯に重層を加えて混ぜ、外の皮をむいた桜島小みかんを3分ほどひたし、薄皮の表面を取る。

ホワイトチョコの板

材料
ホワイトチョコレート …… 適量

作り方
1　ホワイトチョコレートをテンパリングし、薄くのばして固める。
2　熱した円形のセルクルで抜き、半分にカットする。

ゼリーコーティングのみかん

材料（作りやすい分量）
エルダーフラワー …… 60 g
水 …… 150 g
エラスティック …… 5 g
ジェランガム …… 4 g
金箔 …… 適量
桜島小みかん …… 適量

作り方
1　鍋に金箔と小みかん以外の材料を入れてハンドブレンダーで撹拌する。
2　1を火にかけてエラスティックやジェランガムを溶かし、金箔を加えて混ぜる。バット等に薄く流し、固める。
3　小みかんは房に分け、薄皮がついたまま表面を乾かす。セルクルで抜いた2でくるむ。

みかん型オレンジゼリー

材料（作りやすい分量）
A　［ オレンジ果汁 …… 60 g
　　　水 …… 175 g
B　［ パールアガー8 …… 18 g
　　　グラニュー糖 …… 20 g
＊Bはすり合わせておく。

作り方
1　鍋にAを合わせて火にかけ、沸かす。
2　Bを加えて溶かし、再沸騰したらみかんの房の形の型に流し、冷やし固める。

タピオカチップ

材料（作りやすい分量）
タピオカ粉 …… 100 g
水 …… 1 ℓ
塩 …… 3 g
揚げ油 …… 適量

作り方
1　鍋に揚げ油以外の材料を合わせて火にかけ、沸かす。
2　1をシルパットに薄くのばし、食品乾燥機で乾燥させる。
3　2を200℃の油でさっと揚げる。

その他

ムースシャンティイ（ゼラチン11 gを水で戻す。生クリーム1 ℓのうち少量を取り分けて温め、ゼラチンを加えて溶かし、残りの生クリーム、練乳400 gと合わせて冷やし、ミキサーで泡立てる）、旬のハーブのサラダ、ドライエディブルフラワー

柑橘のかき氷・パフェ・デザート　●　パフェ

⊰ *Assembly* ⊱

1　グラスにみかんコンフィチュールを入れ、ビスキュイジョコンドをのせる。
2　白あんゼリーをのせ、周りにムースシャンティイを絞る。
3　2の上に抹茶クランブルをのせ、中央にコンフィチュールテヴェールを絞り、その上に酒粕アイスをのせる。
4　3の端に丸ごとの桜島小みかんをのせる。反対側のグラスのフチにホワイトチョコの板をのせ、ゼリーコーティングのみかん、みかん型オレンジゼリーをのせる。
5　丸ごとのみかんの横にタピオカチップを、上に旬のハーブのサラダ、ドライエディブルフラワーを添える。

3 Petits parfaits
レモン＋フルーツ大根
春光柑＋八朔＋セロリ
黄金柑＋夏みかん＋マジョラム

Ensoleillé

フロマージュブランのソルベを使用した、三種のミニパフェ。
クセのないチーズと柑橘の相性のよさをベースに、
素材の組み合わせの妙を楽しんでもらう。

フロマージュブランのソルベ

材料（作りやすい分量）
牛乳 ⋯⋯ 350 g
生クリーム（42%）⋯⋯ 450 g
グラニュー糖 ⋯⋯ 275 g
加糖練乳 ⋯⋯ 176 g
フロマージュブラン ⋯⋯ 1000 g
レモン果汁 ⋯⋯ 25 g

作り方
1　フロマージュブランを大きめのボウルに入れておく。
2　鍋に、牛乳、生クリーム、グラニュー糖、加糖練乳を合わせ、火にかける。ゴムベラで絶えず混ぜながら、沸騰直前まで温める。
3　1に2を泡立て器で混ぜながら加え、氷水にあてて冷やす。
4　3にレモン果汁を加えて混ぜる。
5　冷えたらアイスクリームマシンにかける。

柑橘のかき氷、パフェ、デザート ● パフェ

レモン＋フルーツ大根

Ensoleillé

タルトシトロンをイメージした構成に、レモンと旬が同時期の甘いフルーツ大根を合わせた。
レモンジャムをまとわせたフルーツ大根は、「大根の食感でレモン味（Ensoleillé 杉江氏）」で、
柑橘にない食感を加えることで新たな印象とする。

レモンのジュレ

材料（作りやすい分量）
レモン果汁 …… 250 g
アガー …… 15 g
グラニュー糖 …… 15 g

作り方
1 アガーとグラニュー糖を泡立て器でよく混ぜ、レモン
　果汁に加えて混ぜ、溶かす。
2 1を鍋に入れ、火にかけて泡立て器で混ぜながら一煮
　立ちさせ、容器に移して冷やし固め、さいの目に切る。

フロマージュブランのソルベ

p.112参照

レモンクリーム

材料（作りやすい分量）
レモン果汁 …… 100 g
全卵 …… 150 g
グラニュー糖 …… 150 g
コンスターチ …… 8 g
自家製レモンチェロ（p.131参照）…… 14 g

作り方
1 レモンチェロ以外の材料を縦長の容器に入れ、ハン
　ドブレンダーをかける。
2 1を漉して鍋に移し、火にかけて混ぜながらつやとと
　ろみがつくまで炊く。
3 氷水にあてて冷やし、粗熱が取れたらレモンチェロを
　加えて混ぜる。

クランブル

材料（すべて同じ重量を用意）
発酵無塩バター（角切りの冷たいもの）
きび砂糖
薄力粉（赤煉瓦）
アーモンドパウダー（皮なし）
※薄力粉、アーモンドパウダーは冷蔵庫で冷やしておく。

作り方
1 ボウルに薄力粉、アーモンドパウダーをふるい入れる。
2 1にきび砂糖を加え、泡立て器で均一に混ぜ合わせる。
3 2にバターを加え、カードで切りながら混ぜ合わせ、
　そぼろ状にする。
4 3をシルパットを敷いた天板に広げ、170℃のオーブ
　ンで15分ほど、香ばしく焼く。途中2回ほど、均一に
　焼き色がつくように混ぜる。

フルーツ大根の
レモンジャムマリネ

材料（作りやすい分量）
フルーツ大根 …… 適量
レモンジャム
┌ レモン …… 適量
└ グラニュー糖 …… レモンの重量の70%

作り方
1 **レモンジャム**：レモンは果肉を房状に切り出し、皮に
　残った果汁もしぼって果肉と合わせる。
2 鍋に1とその重量の70%のグラニュー糖を入れて混
　ぜ、ペースト未満ソース以上のとろみがつくまで煮詰
　める。
3 フルーツ大根を8㎜角に切り、2で和える。

イタリアンメレンゲ

材料（作りやすい分量）
卵白 …… 100 g
水 …… 50 g
グラニュー糖 …… 195 g

作り方
1 小鍋に水とグラニュー糖を合わせ、火にかけて
　120℃まで上げる。
2 ミキサーで卵白をゆるく泡立て、1を加えてさらに泡
　立てる。粗熱が取れるころにちょうど立ち上がるよう
　にミキサーの速度は調整する。
3 大きめの星口金をつけた絞り袋に詰め、2回転半の
　ソフトクリーム状に絞り、冷凍する。

レモンのクリスティヤン

材料（作りやすい分量）
レモン …… 適量
A ［ 水 …… 200g
　 トレハロース …… 100g
　 グラニュー糖 …… 30g ］

作り方
1 Aは合わせて沸かし、冷ます。
2 レモンはごく薄くスライスする。
3 1、2を合わせて真空パックする。
4 レモンにシロップが浸透して半透明になったら水気を取り、食品乾燥機で乾燥させる。

その他

クレームシャンティイ（乳脂肪分42％生クリーム、その重量の9％のグラニュー糖、p.131の自家製レモンチェロ適量を合わせて泡立てる）、レモンピールのシロップ漬け（レモンゼスターで削ったレモンの皮を2回ゆでこぼし、水分をよくきって鍋に入れ、ボーメ30°シロップをしっかりかぶるくらいに加えて一煮立ちさせ、容器に移してそのまま冷ます）、自家製レモンチェロ（p.131参照）

❖ *Assembly* ❖

1 グラスの底から、レモンのジュレ➡フロマージュブランのソルベ➡レモンクリーム➡クランブル➡フルーツ大根のレモンジャムマリネ➡クレームシャンティイ➡レモンクリーム➡フロマージュブランのソルベ➡フルーツ大根のレモンジャムマリネ➡クランブル➡クレームシャンティイの順に重ねる。
2 イタリアンメレンゲをのせ、バーナーで焼き色をつける。
3 イタリアンメレンゲのまわりに、レモンピールのシロップ漬けを散らす。
4 レモンのクリスティヤンを添え、スポイトに入れたレモンチェロをさす。

柑橘のかき氷、パフェ、デザート ◆ パフェ

春光柑＋八朔＋セロリ

Ensoleillé

春光柑は穏やかな酸味と爽やかな甘みが特徴。この「爽やかさ」と、
八朔のほろ苦さやすっきりとした酸味、セロリの清涼感を共通項と捉え、3種を組み合わせた。
複数の素材により味の多様性と補完性も持たせ、ショートケーキ風に仕立てている。

セロリのシロップ漬け

材料（作りやすい分量）
セロリの茎 …… 適量
ボーメ30°シロップ …… 適量
自家製ベルガモット酒（p.131自家製レモンチェロを参照し、ベルガモットの皮で作る）…… 適量

作り方
1 セロリを長さ5cm、幅5mm、厚さ2mmにカットする。
2 1を熱湯にさっとくぐらせ、水気をしっかりと取る。
3 ボーメ30°シロップとベルガモット酒を合わせ、2をつけ込む。
4 3の汁気をきり、3等分くらいのざく切りにする。

セロリのジュレ

材料（作りやすい分量）
セロリのシロップ漬け（左記参照）のシロップ …… 適量
水 …… 適量
アガー …… 上記シロップと水の重量の4.3％

作り方
1 鍋にセロリのシロップ漬けのシロップと水を入れる。
2 ボウルにアガーを入れ、1を少しずつ加えながら混ぜ、溶かす。
3 2を鍋に戻し入れ、火にかけ、泡立て器で混ぜながら一煮立ちさせる。容器に移し、冷まして固め、冷蔵庫で冷やす。

セロリのビスキュイジョコンド

材料（27 cm×47 cm天板1枚分）
全卵 …… 208 g
グラニュー糖A …… 112 g
A
  アーモンドパウダー（皮なし）…… 100 g
  薄力粉（ドルチェ）…… 32 g
  セロリパウダー（下記参照）…… 1.6 g
卵白 …… 100 g
グラニュー糖B …… 32 g
発酵無塩バター …… 24 g
○セロリパウダー…セロリの葉を洗って乾燥させ、ミルサーで粉末状にする。
※Aは合わせてふるっておく。

作り方

1 ボウルに全卵、グラニュー糖A、Aを合わせて混ぜながら湯煎にかけ、人肌まで温まったらミキサーで泡立てる。

2 バターは溶かして40℃程度にしておく。

3 別のボウルに卵白とグラニュー糖Bを合わせ、メレンゲを立てる。

4 1、2、3を同時に仕上げ、1に3、2の順に加えてゴムベラで合わせる。

5 ベーキングペーパーを敷いた天板にのばし、200℃のオーブンで4分焼き、反転させてさらに4分を目安に焼く。

6 冷めたら、直径3.5 cmと5 cmの丸セルクルで抜く。

八朔フロマージュブランのソルベ

材料（作りやすい分量）
フロマージュブランのソルベ（p.112参照）…… 適量
八朔のペースト
  八朔 …… 適量
  グラニュー糖 …… 八朔の果肉と果汁の重量の18%

作り方

1 **八朔のペースト**：八朔果肉を房状に切り出し、皮に残った果汁もしぼって果肉と合わせる。

2 1の重量の18%のグラニュー糖を加えて混ぜ、鍋に移して火にかけ、ペースト状になるまで煮詰める。

3 フロマージュブランのソルベに冷ました2を適量混ぜ込む。

その他

春光柑果肉、八朔果肉、アンビバージュ（ボーメ30°シロップ、水、自家製ベルガモット酒を適量混ぜ合わせる）、春光柑ソース（春光柑果肉にその15～18%のグラニュー糖を加えてとろみがつくまで煮詰める）、春光柑ピールのシロップ漬け（p.115レモンピールのシロップ漬けと同様に春光柑の皮で作る）、乾燥セロリの葉（グラスアローをまとわせたもの）

クレームシャンティイ

材料（作りやすい分量）
生クリーム（42%）…… 適量
グラニュー糖 …… 生クリームの重量の9%
ソミュール …… 適量

作り方

1 ボウルにすべての材料を合わせ、泡立てる。

❖ *Assembly* ❖

1 グラスにセロリのジュレを入れる。

2 1の上に春光柑果肉、八朔果肉、セロリのシロップ漬けの順に重ねる。

3 セロリのビスキュイジョコンド（直径3.5 cm）にアンビバージュを打ち、2にのせてクレームシャンティイを絞る。八朔フロマージュブランのソルベをのせる。

4 春光柑ソースをかけ、2、3を繰り返す（このときのビスキュイは直径5 cm）。

5 春光柑果肉とさじょうにほぐした八朔果肉でセロリのシロップ漬けを和え、ソルベの上にのせる。

6 その上に春光柑ピールのシロップ漬けを散らし、乾燥セロリの葉を添える。

黄金柑＋夏みかん＋マジョラム

Ensoleillé

黄金柑のほどよい酸味と甘みに、夏みかんのきりっとした酸味とマジョラムのスパイシーかつ甘い香りでバランスをとる。ビジュアルは、黄金柑のやさしい色や小ぶりなサイズ感、やわらかな食感に少し大人びた子どものようなイメージを重ね、丸い要素で構成。

夏みかんクリーム

p.114レモンクリームのレモン果汁を
夏みかん果汁にし、同様に作る。

発酵乳のムース

材料（作りやすい分量）
生クリーム（乳脂肪分35％）…… 200g
24時間水切りしたヨーグルト …… 360g
クレームエペス …… 270g
レモン果汁 …… 12g
パータボンブ
┌ 水 …… 25g
│ ボーメ30°シロップ …… 150g
└ 卵黄 …… 3個分
板ゼラチン …… 8.6g（水で戻す）

作り方

1 生クリームは七分立てにしておく。
2 ボウルにヨーグルトとクレームエペスを入れ、混ぜ合わせる。
3 2にレモン果汁を加えて混ぜる。
4 3に1の生クリームを立て直しながら混ぜ合わせる。
5 パータボンブを作る。鍋に水とボーメ30°シロップを入れて沸かし、卵黄の入ったボウルに泡立て器で混ぜながら加える。
6 5を湯煎にかけ、液体部分がなくなり、とろみがつくまで泡立て器で空気が入らないように混ぜる。
7 6をミキサーにかけ、白っぽくふわっとするまで立てる。
8 ゼラチンを湯煎にかけて溶かし、4の一部を入れ混ぜ、それを4に戻す。
9 8と7を合わせる。
10 小さな球体型のシリコン型に絞り入れ、冷凍する。固まったら型から出し、冷蔵解凍する。

その他

黄金柑果肉、夏みかん果肉、マジョラム、クランブル（p.114参照）、夏みかんのグラニテ（夏みかん果汁とボーメ30°シロップを適量ずつ混ぜて冷蔵庫に入れ、数時間ごとにフォークで混ぜる）、クレームシャンティイ（p.115参照）、フロマージュブランのソルベ（p.112参照）、飴（p.126飴のディスクと同様に小さな円形のすり込み型を使いフォンダンと水飴で作る）、グラスアロー（丸く乾燥させたもの）

◁ *Assembly* ▷

1 グラスに房状に切り出した黄金柑と夏みかんの果肉を入れ、マジョラムを散らす。グラスの内側に黄金柑のスライスをはりつける。
2 クランブル、夏みかんクリーム、発酵乳のムース2個、房状に切り出した黄金柑果肉、夏みかんのグラニテ、クランブルの順に重ねる。
3 クレームシャンティイをグラスのふちの近くの側面に接するように一周絞り、その内側に夏みかんクリームを絞る。
4 フロマージュブランのソルベをのせ、粗くほぐした黄金柑果肉をこんもりと盛り、飴、グラスアロー、マジョラムを添える。

国産柑橘とヨーグルトのパフェ

unis

レストランデザートらしい、皿盛りを想定したやわらかな
クリームやジュレとフレッシュな素材の調和を感じてもらう。
相性のよい柑橘とヨーグルトの合間に、
カカオパルプのフルーティーで中庸な風味が入り、最後まで飽きさせない。

甘夏のコンフィチュール

材料（作りやすい分量）
甘夏果肉 …… 正味300g
グラニュー糖 …… 30g

作り方
1　鍋に甘夏果肉を入れ、グラニュー糖を加えてなじませる。
2　1を火にかけ、色が濃くなるまで煮詰める。

シャンティイヤオルト

材料（作りやすい分量）
生クリーム（35%）…… 200g
ヨーグルト …… 80g
グラニュー糖 …… 18g

作り方
1　ボウルにすべての材料を合わせ、ミキサーで七分立てにする。

白ワインジュレ

材料（作りやすい分量）
A　[白ワイン …… 225g
　　水 …… 225g
　　グラニュー糖 …… 180g
小夏果汁 …… 45g
顆粒ゼラチン …… 12g

作り方
1　鍋にAを合わせて火にかけ、沸かしてグラニュー糖を溶かす。
2　1にゼラチン、小夏果汁を加えて混ぜる。
3　氷水にあてて冷やし、粗熱が取れたら容器に移し、冷蔵庫で冷やし固める。

ソルベカカオパルプ

材料（作りやすい分量）
水 …… 150g
トリモリン …… 5g
水飴 …… 5g
安定剤 …… 1g
カカオパルプピュレ …… 180g

作り方
1　鍋にカカオパルプピュレ以外の材料を合わせ、火にかけて沸かす（シロップ）。
2　1を冷まし、カカオパルプピュレと混ぜてパコジェットの容器に入れ、冷凍する。パコジェットにかける。

クランブルアマンド

材料
発酵無塩バター …… 200g（常温に戻す）
A　[アーモンドパウダー …… 200g
　　薄力粉 …… 200g
グラニュー糖 …… 200g
＊Aは合わせてふるっておく。

作り方
1　バターをミキサー（ビーター）でほぐし、グラニュー糖、Aを加えて撹拌する。
2　しっかりとなじんでまとまったら取り出してラップで包み、冷蔵庫で1時間以上やすませる。
3　必要な分をカットし、シルパットを敷いた天板に広げて170℃のオーブンで15分焼く。

その他

アロエ果肉（p.140のナージュデュフリュイアラシトロネルでマリネしたもの）、カラマンダリン果肉、湘南ゴールド果肉、宇和ゴールド果肉、エディブルフラワー、金箔

柑橘のかき氷、パフェ、デザート　パフェ

国産柑橘とヨーグルトのパフェ

1　グラスに甘夏のコンフィチュールを入れ、その上にジュレを入れる。

2　アロエ果肉をのせる。

3　クランブルアマンドを少し入れる。

4　シャンティイヤオルトを注ぎ、ソルベカカオパルプをクネルしてのせる。

5　カラマンダリン、湘南ゴールド、宇和ゴールド果肉をカットしてのせる。

6　エディブルフラワー、金箔を飾る。

120

柑橘のデセール

SUMI BAKE SHOP

パティスリーらしい柑橘のケークやメレンゲに、
ハーブのフルーティな香りをきかせたジュレやアイスを添え、旬のフレッシュな柑橘とともに
みずみずしいデザートとした。仕上げにふりかけたミモレットの塩気とコクで引き締める。

柑橘のかき氷、パフェ、デザート ❋ スイーツ専門店のデザート

柑橘のデセール

みかんケーク

材料(18cm×8.6cm×高さ6.3cmのパウンド型1台分)
卵黄 …… 110g
きび砂糖 …… 140g
みかんの皮 (すりおろし) …… 1個分
サワークリーム …… 45g
みかんジャム (p.29参照) …… 36g
A [薄力粉 (スーパーバイオレット) …… 110g
  [ベーキングパウダー …… 2g
無塩バター …… 45g
＊Aは合わせてふるっておく。
＊バターは溶かしておく。

作り方
1 きび砂糖、みかんの皮を混ぜ合わせる。
2 ボウルに卵黄、**1**を入れて泡立て器で白っぽくなるまですり混ぜる。
3 混ぜ合わせたサワークリーム、みかんジャムを**2**に加える。
4 Aを加えてゴムベラで混ぜる。溶かしたバターも加え、つやが出るまで混ぜる。
5 紙を敷いた型に**4**を流し込み、170℃のオーブンで65分焼く。途中12分経過した頃に中央に縦にナイフで切り込みを入れる。
6 焼き上がったら型を台に叩きつけてケークを型から外し、冷ます (ラップで包み乾燥しないように保管する)。

白ワインとエルダーフラワーのジュレ

材料(作りやすい分量)
白ワイン …… 200g
水 …… 適量
エルダーフラワー (ドライ) …… 3g
板ゼラチン …… 4g (水で戻す)
グラニュー糖 …… 26g

作り方
1 鍋に白ワインを入れて火にかけ、アルコール分をとばす。水を加えて300gにする。
2 **1**にエルダーフラワーを加えて再び火にかけ、沸騰したら火を止め、蓋をして3分おく。
3 **2**を漉し、ゼラチン、グラニュー糖を加えてよく溶かし、冷蔵庫で冷やし固める。

みかんメレンゲ

材料(作りやすい分量)
卵白 …… 80g
グラニュー糖 …… 160g
水 …… 40g
コーンスターチ …… 48g
みかんパウダー (p.21参照) …… 8g

作り方
1 卵白をミキサーで泡立てる。
2 鍋にグラニュー糖、水を合わせて火にかけ、117℃まで上げる。
3 **1**に**2**を加えてさらに撹拌し、イタリアンメレンゲにする。
4 **3**にふるったコーンスターチ、みかんパウダーを加えて混ぜる。
5 星型の口金をつけた絞り袋に**4**を入れ、シルパットを敷いた天板に絞る。90℃のオーブンで90分焼く。

カモミールアイス

材料（作りやすい分量）
牛乳 …… 300㎖
生クリーム（35％）…… 100〜125㎖
カモミール（乾燥）…… 10g
卵黄 …… 3個分
グラニュー糖 …… 65g
はちみつ …… 25g

作り方

1 牛乳を鍋に入れて火にかけ、60〜90℃に温め、カモミールを加えて蓋をして10分ほどおき、風味を移す。
2 1を漉して生クリームを加え、350㎖にする。
3 ボウルに卵黄、グラニュー糖を入れて泡立て器で白っぽくなるまですり混ぜる。
4 2を鍋に入れ、火にかけて温め、はちみつを加えて溶かす。それを3に加えてよく混ぜ、鍋に戻して火にかけ、混ぜながら加熱する。とろみがついたら急冷し、アイスクリームマシンにかける。

その他

タンカン果肉、金柑コンフィ（p.21参照）、みかんパウダー（p.21参照）、ミモレットチーズ、ミント

⟨ *Assembly* ⟩

1 器にみかんケーキを並べ、ケーキのそばに房状に切り取ったタンカン果肉、金柑コンフィを置く。

2 白ワインとエルダーフラワーのジュレ、みかんメレンゲを添える。

3 みかんパウダーを茶こしでふりかける。

4 カモミールアイスを盛り、ミモレットチーズを削りかけ、ミントを飾る。

柑橘のかき氷、パフェ、デザート ◉ スイーツ専門店のデザート

清見オレンジと早摘み
バレンシアオレンジのサヴァラン
山羊ミルクチーズのソルベ

Ensoleillé

春先の柑橘を使い、仔山羊達が駆け巡る春の高原をイメージした一皿。
本来の収穫時期より一月ほど早く摘んだバレンシアオレンジの酸味がみずみずしさを際立たせる。
山羊がこの季節に食べるヨモギや、咲き乱れる菜の花をアクセントとした。

クレームブリュレ

材料（作りやすい分量）
牛乳 …… 144 g
生クリーム（乳脂肪分42%）…… 1000 g
バニラビーンズ …… 1/2本
グラニュー糖 …… 184 g
卵黄 …… 300 g

作り方

1 鍋に、牛乳、生クリーム、バニラビーンズ、分量のうち一握りのグラニュー糖を入れ、火にかける。

2 ボウルに卵黄と残りのグラニュー糖を合わせ、泡立て器で白っぽくなるまですり混ぜる。

3 1が沸いたら2に加えて混ぜ、深めのホテルパンに漉し入れる。

4 3にしっかりとラップをかけ、140℃、風力中程度のコンベクションオーブンで、20分〜を目安に少しかためのクレームブリュレのかたさまで火を入れる。

5 ボウルに移して氷水にあて、粗熱が取れたらハンドブレンダーで空気が入らないようになめらかに撹拌し、冷蔵庫で一晩ねかせる。

早摘みバレンシア
オレンジのクリーム

材料（作りやすい分量）
バレンシアオレンジ果汁 …… 100 g
全卵 …… 150 g
グラニュー糖 …… 150 g
コンスターチ …… 8 g
自家製レモンチェロ（p.131参照）…… 14 g

作り方

1 レモンチェロ以外の材料を縦長の容器に入れ、ハンドブレンダーにかける。

2 1を漉して鍋に移し、火にかけて混ぜながらとろみがつくまで炊く。

3 炊き上がったら氷水にあてて冷やす。粗熱が取れたらレモンチェロを加える。

サヴァラン生地

材料（作りやすい分量）
インスタントドライイースト …… 6 g
ぬるま湯 …… 18 g
全卵 …… 275 g
グラニュー糖 …… 18 g
薄力粉（ドルチェ）…… 150 g
強力粉（カメリヤ）…… 150 g
塩 …… 6 g
発酵無塩バター …… 120 g

サヴァラン用シロップ
白ワイン …… 2250 g
清見果汁（またはみかん果汁）…… 2835 g
レモン果汁 …… 184 g
パッションフルーツピュレ …… 225g g
グラニュー糖 …… 880 g
A ┌ ナツメグ …… 適量
　├ カルダモン …… 10粒
　└ マーガオ …… 10粒
※Aは軽く炒ってお茶パックに入れる。

作り方

1 ボウルにドライイーストを入れ、ぬるま湯を加え、泡立て器で混ぜ溶かす。

2 別のボウルに全卵を入れて湯煎等で人肌程度に温め、グラニュー糖を加えて溶かし、1に加えて混ぜる。

3 ボウルに薄力粉、強力粉を入れ、塩を加え、ミキサー（フック）でざっと混ぜる。

4 3に2を加え、低速から少しずつ中速へ上げながら生地をこねる。時々ミキサーの内側についた生地を落とす。グルテンが出て均一な状態になり、撹拌中にフックに生地がひっかかって中央が盛り上がるようになるまでさらにこねる。

5 溶かしたバターを加えて低速で混ぜ、全体が混ざったらミキサーを止め、ボウルの内側についた生地をきれいに落とす。

6 手で広げると薄い膜がはるくらい、しっかりグルテンが出るまでさらにこねる。

7 生地を両手ですくうように持ち上げ、垂れ下がった生地を下に入れ込んで表面を張らせ、そっと置く。これを90度ずつ向きを変えながら数回繰り返し、生地の表面を十分に張らせる。

8 ラップをかけて、2倍にふくらむまで一次発酵させる。28℃で40分が目安。

9 カードを生地の端から中央へと押しつけてガス抜きし、生地を天板にのせる。手の平で叩いて薄く広げ、冷凍庫に入れる。

10 成形できる程度にかたくなったら冷凍庫から出し、打ち粉をし、手のつけ根で叩いて空気を抜きながら生地を奥から手前へと丸める。

11 棒状になったら、縦半分、横半分にカードで切って四等分し、それぞれ転がして細い棒状にする。

12 天板に直径4cm×高さ2cmの円形フレキシパンを置き、生地を12gずつに分割して丸め、型に1個ずつ入れていく。カバーをかけ、2倍強にふくらむまで二次発酵させる。28℃で1時間が目安。

13 180℃のコンベクションオーブンで約6分焼き、反転させて7分焼く。

14 生地をフレキシパンから外して天板に並べ、150℃のオーブンに入れ、10分ほど乾燥焼きし、冷ます。

15 **サヴァラン用シロップ**：鍋に白ワインを入れて沸かし、火を入れてアルコール分をとばす。残りの材料を加えて沸かし、冷ます。

16 使用する前日に、**14**を横半分にカットし、50℃に温めた**15**に一晩ひたす。

清見オレンジのソース

材料（作りやすい分量）
清見 …… 適量
グラニュー糖 …… 清見の約15%

作り方
1 清見の果肉を房状に取り出し、薄皮に残った果汁もしぼって合わせる。
2 1の重量の約15%のグラニュー糖を加えて少しおき、水分が出てきたら鍋に入れて火にかけ、とろみがつくまで強火で炊く。
3 炊き上がったら氷水にあてて冷やす。

クレームシャンティイ

材料（作りやすい分量）
生クリーム（42%）…… 適量
グラニュー糖 …… 生クリームの重量の9%
自家製レモンチェロ（p.131参照）…… 適量

作り方
1 ボウルに全ての材料を合わせ、泡立てる。

ヨモギのソース

材料（作りやすい分量）
ヨモギ …… 適量
バレンシアオレンジ果汁 …… 適量
ボーメ30°シロップ …… 適量

作り方
1 鍋に水と塩（分量外）を合わせて沸かし、ヨモギをさっとゆで、すぐに氷水にさらす。
2 1に適量のボーメ30°シロップを加え、ミルサーでペースト状にする。
3 2をバレンシアオレンジ果汁でのばす。

山羊ミルクチーズのソルベ

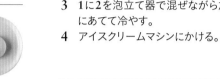

材料（作りやすい分量）
山羊ミルク（生石高原やぎ暮らし）…… 900g
グラニュー糖 …… 252g
加糖練乳 …… 180g
フロマージュフレ（生石高原やぎ暮らし）…… 900g
山羊チーズ鈴（同上）…… 140g

作り方
1 フロマージュフレ、山羊チーズ鈴を大きめのボウルに入れておく。
2 鍋に山羊ミルク、グラニュー糖、加糖練乳を合わせ、火にかける。ゴムベラで絶えず混ぜながら沸騰直前まで温める。
3 1に2を泡立て器で混ぜながら加え、均一にし、氷水にあてて冷やす。
4 アイスクリームマシンにかける。

飴のディスク

材料（作りやすい分量）
フォンダン …… 250g
水飴 …… 17g
菜の花（乾燥）…… 適量

作り方
1 鍋にフォンダンと水飴を入れ、火にかけて162℃まで煮詰める。
2 1をシルパットに薄く平らに流し、その上にシルパットをもう一枚重ね、麺棒で手早くのす。
3 熱が取れたら、手早く適当に割り、多量の乾燥剤を入れた密閉容器に入れて一晩おき、湿気を取る。
4 3をミルサーにかけて粉末状にし、漉す。湿気を吸わないようすぐに乾燥剤入りの容器に入れる。
5 天板にオーブンシートを敷き、その上に丸型のすり込み型を置き、茶漉しで4をふる。型を外す。
6 コンベクションオーブンを170℃の無風に近い状態にし、5を入れて約2分加熱する。飴が溶けたらオーブンから出し、熱いうちに乾燥させた菜の花を散らす。
7 6の熱が取れたら、先を熱したアイスピックなどで1箇所穴を空ける（ヨモギのクリスティヤンを差し込む穴）。

ヨモギのクリスティヤン

材料（作りやすい分量）
ヨモギ …… 適量
クリスティヤン用シロップ
```
  水 …… 200 g
  トレハロース …… 100 g
  グラニュー糖 …… 30 g
```

作り方

1　**クリスティヤン用シロップ**：材料を鍋に入れて沸かし、トレハロースとグラニュー糖を溶かし、冷ます。

2　ヨモギの新葉のやわらかく小さめの部分を、1の液とともに真空パックする。

3　2のヨモギにしっかりシロップが浸透したら、水分をふき取り、食品乾燥機で乾燥させる。

その他

清見果肉、バレンシアオレンジ果肉、三宝柑ピールコンフィ（p.51参照）

Assembly

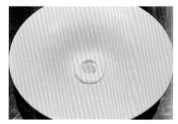

1　クルーズ皿にクレームブリュレを絞り、その上に早摘みバレンシアオレンジのクリームを絞る。

2　その上にサヴァラン生地をのせ、まわりに清見とバレンシアオレンジの果肉を並べ、サヴァランの上に三宝柑ピールコンフィをのせる。

3　サヴァランの上に再びクレームブリュレを絞り、清美オレンジのソースをのせる。

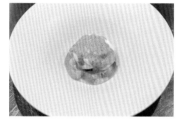

4　クレームシャンティイを絞り、清見オレンジのソースをのせ、ヨモギのソースをかける。

5　クネルした山羊ミルクチーズのソルベをのせ、三宝柑ピールコンフィを散らす。

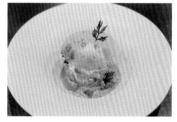

6　ソルベの上に飴のディスクをフラットに置き、飴の穴にヨモギのクリスティヤンを差し込む。

柑橘のかき氷、パフェ、デザート　●　スイーツ専門店のデザート

仏手柑と近江赤ちゃん番茶の
ヴァシュラン

Ensoleillé

上品な香気を持つ仏手柑の葉をメレンゲに使用し、一皿の香りの軸に。
やわらかな香りの果実はソースやジュレにし、
仕上げに凍らせたものを削りかけてフレッシュな香りも立たせた。
そこに渋みの少ない番茶を合わせ、繊細な構成の中で素材の持ち味を明確に感じさせる。

仏手柑の葉のメレンゲ

材料（作りやすい分量）
卵白 …… 80 g
グラニュー糖 …… 80 g
粉糖 …… 72 g
仏手柑の葉 …… 8 g

作り方
1 仏手柑の葉はかたい中心の葉脈を取り除き、ミルサーで粉末状にする。
2 1と粉糖を合わせてふるう。
3 卵白にグラニュー糖を数回に分けて加え、角がピンと立つまでミキサーで泡立てる。
4 3に2をさっくり合わせる。
5 4を厚みのある帯状のフィルムに2mm厚さにのばし、リング状の型の内側に沿わせる。
6 食品乾燥機または80℃程度の低温オーブンで乾燥させる。

近江赤ちゃん番茶のクレームブリュレ

材料（作りやすい分量）

牛乳 …… 144 g	卵黄 …… 300 g
生クリーム（乳脂肪分42%）…… 1000 g	グラニュー糖 …… 184 g
	近江赤ちゃん番茶 …… 65 g

作り方
1 p.125クレームブリュレ手順1〜4参照。
2 番茶をフライパンで乾煎りして香りを立たせ、冷ましてミルサーにかけ、粉末状にする。
3 1をボウルに移し、2を加え、氷水をあてながらハンドブレンダーでなめらかにする。
4 3が冷めたら冷蔵庫で一晩ねかせる。

仏手柑のジュレ

材料（作りやすい分量）
自家製仏手柑酒（右記参照）…… 33 g
水 …… 27 g
アガー …… 2.3 g

作り方
1 仏手柑酒を60℃くらいに温める（アルコール度数が高いため絶対に沸かさないこと）。
2 鍋に水を入れてアガーをふり入れ、泡立て器ですぐに混ぜ、火にかける。
3 沸いたら弱火にして2分間混ぜ続ける。
4 3を火から下ろし、すぐに1を加えて混ぜ、バットに流し入れて冷蔵庫で冷やし固める。
5 5mm角にカットする。

仏手柑と春峰のソース

材料（作りやすい分量）
仏手柑 …… 170 g
春峰 …… 正味340 g
グラニュー糖 …… 102 g
レモン果汁 …… 適量

作り方
1 仏手柑は2mm厚さ、1.5cm長さにカットし、春峰は果肉を房状に取り出す。
2 鍋に1、グラニュー糖、レモン果汁を合わせて火にかけ、ゴムベラで混ぜながらとろみがつくまで炊き、冷ます。

近江赤ちゃん番茶のグラニテ

材料（作りやすい分量）
水 …… 200 g
近江赤ちゃん番茶 …… 10 g
きび砂糖 …… 20 g

作り方
1 番茶をフライパンで軽く煎り直し、香りを立たせる。
2 鍋に水を入れて沸かし、1を加えて軽く混ぜ、弱火で10分煮出し、火を止めて3分蒸らす。
3 2を漉してきび砂糖を加え、溶かす。
4 氷水で冷やし、密閉容器に移して冷凍庫に入れる。
5 4が凍り始めたらフォークでかき混ぜる。これを何回か繰り返し、砂状にする。

仏手柑の葉のアイスクリーム

材料（作りやすい分量）
牛乳 …… 624 g
生クリーム（乳脂肪分47%）…… 336 g
グラニュー糖 …… 190 g
卵黄 …… 264 g
仏手柑の葉 …… 20 g
自家製仏手柑酒（下記参照）…… 34 g
○自家製仏手柑酒…p.131自家製レモンチェロを参照し、レモンの表皮30個分と同量程度の仏手柑スライスで作る。

作り方
1 鍋に牛乳、生クリーム、分量のうち少量のグラニュー糖を合わせる。
2 仏手柑の葉をもみ、ちぎって1の鍋に加え、火にかける。沸いたら火を止め、蓋をして10分蒸らす。別の鍋に漉し入れる。
3 ボウルに卵黄とグラニュー糖を合わせ、白っぽくなるまですり混ぜる。2を加えて混ぜ、鍋に戻す
4 3の鍋を火にかけ、混ぜながら沸騰直前まで温め、アングレーズを炊く。
5 漉してすぐに氷水にあて、冷ます。
6 仏手柑酒を加え、アイスクリームマシンにかける。

仏手柑と近江赤ちゃん番茶のヴァシュラン

その他
ホワイトチョコレート、近江赤ちゃん番茶の茶葉（乾煎りして形のよいものを選別しておく）、仏手柑（冷凍しておく）

✧ Assembly ✧

1 仏手柑の葉のメレンゲを一つは手前に倒し、一つは斜め奥に立てて置く。

2 手前のメレンゲの中に、番茶のクレームブリュレを入れる。

3 その上に仏手柑のジュレ、仏手柑と春峰のソースを入れる。

4 さらに番茶のグラニテを入れる。

5 奥のメレンゲにクネルした仏手柑の葉のアイスクリームを入れ、アイスの上に仏手柑のジュレをのせる。

6 ホワイトチョコレート、番茶葉を飾る。

7 仕上げに凍らせた仏手柑をグレーターで削りかける。メレンゲとチョコレートは仏手柑の特徴的な形を抽象的なイメージで表現し、皿全体でこの果実の実冬の景色を表現。

冬の間に仕込む柑橘のリキュール

Ensoleillé

香りのよい柑橘の表皮を使い、仕込んでおく自家製リキュール。
左から仏手柑酒、ベルガモット酒、
レモンの皮をつけて数日たったレモンチェロ。
Ensoleilléではチェロは冷たい状態でそのまま提供もできるよう、冷凍庫で保存。

自家製レモンチェロ

材料（作りやすい分量）
レモン …… 30個
グラニュー糖 …… 800 g
水 …… 800 g
スピリタス …… 1 ℓ

作り方
1 鍋にグラニュー糖、水を合わせて火にかけ、沸かして
　グラニュー糖を溶かし、冷ます（シロップ）。
2 瓶に**1**を入れ、瓶の上でレモンの表皮をピーラーで
　むき、シロップの中に落としていく（むいたときに飛ぶ
　精油がシロップの中に落ちるようにする）。
3 **2**にスピリタスを加え、2週間くらいおき、漉す。

柑橘のかき氷、パフェ、デザート　●　スイーツ専門店のデザート

黄金柑白和え

kiki harajuku

発酵食品によるぼんやりとしたうまみを持たせた、メイン料理とデザートのつなぎ役のような一品。
果肉がやわらかく酸の穏やかな黄金柑を白醬油入りの液でコンポートにし、
果実感をアクセントとしながら、うまみや食感で全体と調和させている。

豆腐よう

材料（作りやすい分量）
絹豆腐 …… 1丁
味噌、みりん …… 適量

作り方
1 豆腐は水切りする。
2 味噌をみりんでのばして好みの味にし、1になじませて一晩おく。
3 1の味噌をぬぐい取り、裏漉す。

白醤油黄金柑コンポート

材料（作りやすい分量）
黄金柑 …… 4個
A 水 …… 250g
　 グラニュー糖 …… 75g
　 白醤油 …… 5g

作り方
1 黄金柑は皮つきのままくし形に切る。
2 鍋に**A**を合わせて火にかけ、沸かす。
3 1を2に加えて皮がやわらかくなるまで煮る。そのまま冷まし、冷蔵庫で冷やす（液体はチーズだしのシートに使用）。

米麹ソース

材料（作りやすい分量）
水 …… 2000g　　米 …… 300g
塩 …… 18g　　米麹 …… 500g
グラニュー糖 …… 200g
無塩バター …… 320g

作り方
1 鍋に水に塩、グラニュー糖を合わせて火にかけ、沸かす。バターを加えて混ぜる。
2 1に米を加えて粥状になるまで煮る。
3 米麹を加えて2〜3分加熱し、ハンドミキサーで撹拌する。

チーズだしのシート

材料（作りやすい分量）
チーズだし（下記参照）…… 40g
黄金柑コンポート液（白醤油黄金柑コンポート参照）
　 …… 40g
水 …… 20g
アガー …… 6g
○チーズだし…チーズ（パルミジャーノ、オッソーイラティ、エポワスなど）100gと水300gを合わせて真空パックし、水とともに鍋に入れて火にかけ、沸いてから1時間湯煎にかけ、流水で冷ましてペーパーで漉す。

作り方
1 チーズだし、黄金柑コンポート液を鍋に入れて火にかけ、42℃まで上げる。
2 別の鍋に水とアガーを入れて沸かし、1に加えて混ぜる。
3 バット等に薄く流し、固める。

Assembly

1 器に豆腐ようを盛り、白醤油黄金柑コンポートをのせる。

2 米麹ソースをかける。
3 丸くカットしたチーズだしのシートをかぶせる。

リモンチェロとフェンネルのアイス

kiki harajuku

コースで料理からデザートへと切り替わる一品。乳製品や水飴は使わず、
寒天でなめらかな食感に仕上げながら素材の味わいをストレートに表現。
口中をすっきりとさせ、メインのデザートへつなげる。

リモンチェロと
フェンネルのアイス

材料（作りやすい分量）
リモンチェロ …… 50 g
フェンネルの葉 …… 15 g

A［ グラニュー糖 …… 100 g
水 …… 450 g

寒天 …… 5 g（水でふやかす）

作り方
1 Aを合わせて火にかけ、沸かす。
2 1に寒天を加えて溶かし、容器に移して冷蔵庫で冷やし固める。
3 2、フェンネルの葉、リモンチェロを合わせてミキサーにかけ、アイスクリームマシンにかける。

その他

ナスタチウムの葉、フェンネルの葉、グリーンオリーブ、レモンの皮、エルバステラ

Assembly

1 かち割り氷を敷き詰めた器にナスタチウムの葉を敷き、リモンチェロとフェンネルのアイスを盛る。
2 フェンネルの葉、グリーンオリーブ、レモンの皮、エルバステラを添える。

せとかのババ・オ・ラム

kiki harajuku

濃厚な風味と穏やかな酸味を持つせとか。
シロップに皮の風味を移して生地に吸わせ、果汁を煮詰めたソースと果肉を添え、せとかを丸ごと食べる一皿とした。
柑橘との相性のよさから、シャンティイにココナッツとかぼちゃを合わせた。

せとかのババ・オ・ラム

ブリオッシュ

材料（底の直径4cm、口径6cmのプリン型11個分）
ドライイースト …… 5g
湯 …… 10g
卵 …… 2個
牛乳 …… 30g
グラニュー糖 …… 10g
A ┌ 強力粉 …… 60g
　 │ 薄力粉 …… 60g
　 └ 塩 …… 2g
無塩バター …… 40g（ポマード状）
＊Aは合わせてふるっておく。
＊型にバターをぬり、小麦粉をふって余分を落としておく（ともに分量外）。

作り方
1　ドライイーストと湯を合わせる。
2　卵をボウルに入れてほぐし、牛乳を加えて混ぜ、グラニュー糖を加え、混ぜながら湯煎で温め、38〜40℃まで上げる。
3　2に1を加えて混ぜ、Aを合わせる。ミキサー（フック）でつやが出るまでこねる。
4　バターを加えて混ぜ、室温で30分ほど発酵させる。
5　ふくらんだら一度ゴムベラで潰し、25gずつに分割して型に入れる。室温で20分ほど発酵させ、190℃のオーブンで15〜20分焼く。

せとかシロップ

材料（作りやすい分量）
ラム …… 50g　　　　　せとかの皮（ワタつき）
グラニュー糖 …… 70g　　　　…… 100g
水 …… 140g

作り方
1　すべての材料を鍋に入れて火にかけ、ゆっくりと加熱し、沸騰してからさらに2〜3分加熱してアルコール分をとばす。そのまま常温で冷ます。

せとかソース

材料（1人分）
せとか果汁 …… 20g

作り方
1　せとか果汁を5gまで煮詰める

かぼちゃシャンティイ

材料（作りやすい分量）
かぼちゃピュレ（電子レンジで加熱し漉したもの）
　　…… 100g
グラニュー糖 …… 20g
ココナッツオイル …… 7g
ホイップクリーム …… 60g

作り方
1　すべての材料を混ぜ合わせる。

その他
せとか果肉、せとかの皮のパウダー

Assembly

1　バット等にブリオッシュを並べ、75℃まで上げたせとかシロップを注ぐ（1切れに対して90gのシロップ）。室温で20分おき、冷蔵庫で冷やす。
2　器にせとかソースを流し、1を盛る。
3　その上にクネルに抜いたかぼちゃシャンティイをのせ、炙ったせとか果肉をのせ、せとかの皮のパウダーをふる。

ブラッドオレンジと
マルコポーロのコンブチャ

kiki harajuku

プティフールのような位置づけの小さな
一品。コンブチャの発酵の鈍い酸味に
ブラッドオレンジの酸味を重ね、かんず
りオイルをアクセントとした。コンブチャ
のベースはバニラや花の濃密な香りを
持つ紅茶で、コクのあるブラッドオレン
ジとの調和を図っている。

柑橘のかき氷、パフェ、デザート ● レストランのデザート

ブラッドオレンジと
マルコポーロのコンブチャ

材料（作りやすい分量）
水 …… 1ℓ
グラニュー糖 …… 80g
紅茶茶葉（マリアージュ・フレールマルコポーロ）…… 5g
スコビー …… 1個
ブラッドオレンジ …… 作り方3でスコビーを取り出した
　液体の重量の15%

作り方
1 　鍋に水とグラニュー糖を入れて火にかけ、グラニュー
　　糖が溶けて沸いたら茶葉を加えて火を止める。その
　　まま1時間おく。煮沸した瓶に漉し入れる。
2 　1の粗熱が取れたらスコビーを加え、紙で蓋をして
　　10〜14日間室温において発酵させる。
3 　スコビーを取り出し、スライスしたブラッドオレンジを
　　加える。密閉し、冷蔵庫に入れて一晩なじませ、漉す。

かんずりオイル

材料
かんずり …… 適量
綿実油 …… 適量

作り方
1 　かんずりと綿実油を混ぜる。

その他
春菊の花

◇⟨ *Assembly* ⟩◇

1 　器にブラッドオレンジとマルコポーロのコンブチャを注
　　ぎ、かんずりオイルをたらし、春菊の花を添える。

高知県・白木果樹園
"小夏"とカモミール
ココナッツのソルベ

unis

甘味と酸味が軽やかで、爽やかな香りが身上の小夏。
相性のよいカモミールに加え、甘やかでスパイシーな
アニスとバニラの香り、みずみずしいライチ果肉や
ココナッツソルベを合わせ、軽さの中に複雑みのある
オリエンタルな仕立てとした。

ブランマンジェ

材料（作りやすい分量）
牛乳 …… 250 g
生クリーム（35%）…… 38 g
グラニュー糖 …… 25 g
イオタ・カラギーナン …… 1 g

作り方
1 鍋にすべての材料を合わせて火にかけ、沸かす。
2 容器に移し、冷蔵庫で冷やし固める。

カモミールのジュレ

材料（作りやすい分量）
A ┌ 白ワイン …… 225 g
  │ 水 …… 225 g
  │ グラニュー糖 …… 180 g
  └ 小夏果汁 …… 45 g
カモミール …… 30 g
ゼラチン …… 12 g

作り方
1 鍋にAを合わせて火にかけ、沸かす。
2 1にカモミールを加えて蓋をし、火を止めて5分風味
  を移す。
3 2を漉してゼラチンを加え、溶かす。冷蔵庫で冷やし
  固める。

柑橘のかき氷、パフェ、デザート ● レストランのデザート

139

小夏の皮のコンフィ

材料（作りやすい分量）
小夏の皮 …… 4個分
グラニュー糖 …… 100 g
水 …… 100 g

作り方
1 小夏の皮は細切りにする。
2 鍋にグラニュー糖と水を合わせて火にかけ、沸かして溶かす。
3 2に1を加え、皮に火が通るまで煮て冷ます。

ソルベココリッチ

材料（作りやすい分量）
ココナッツピュレ …… 1000 g
水 …… 550 g
A［グラニュー糖 …… 200 g
　トリモリン …… 44 g
　水飴 …… 44 g
ヴィドフィックス …… 4 g
ライチリキュール（ディタ）…… 60 g

作り方
1 鍋に水とAを合わせ、火にかけて温め、Aを溶かす。
2 1にヴィドフィックスを加えてしっかりと混ぜる。
3 ボウルにココナッツピュレを入れ、2を加えて混ぜる。
4 3の粗熱が取れたらライチリキュールを加えて混ぜ、アイスクリームマシンにかける。

ナージュデュ
フリュイアラシトロネル

材料（作りやすい分量）
A［水 …… 1500 g
　グラニュー糖 …… 300 g
　水飴 …… 150 g
レモングラス（生）…… 6本
バニラビーンズ …… 2本
スターアニス …… 3個
小夏の皮 …… 3個分

作り方
1 鍋にAを合わせて火にかけ、沸かす。
2 1に残りの材料を加えて火を止め、蓋をして7分風味を移す。
3 漉して冷蔵庫で冷やす。

その他

小夏、ライチ果肉、金箔、エディブルフラワー

Assembly

1 ブランマンジェを大きめのスプーンですくって器に盛り、まわりにワタごとカットした小夏を盛る。

2 小さめのスプーンでカモミールのジュレをすくい、1のブランマンジェのまわりに盛る。

3 ライチ果肉を添え、小夏の皮のコンフィを飾る。
4 ソルベココリッチをクネルして中央に盛り、金箔とエディブルフラワーを散らし、ナージュデュフリュイアラシトロネルを注ぐ。

鹿児島県・清木場果樹園の金柑"黄金丸"のグラニテとショコラ・カミーノベルデ

unis

皮に独特の渋みをもつ金柑と、独特の芳醇な香りとナッティな味わいが特徴のチョコレートの調和を楽しむ一皿。
チョコレートはカカオを強く感じる配合を意識したエスプーマやビスキュイに仕立て、
樹上完熟させた金柑の豊かな風味を生かす。

141

鹿児島県・清木場果樹園の金柑"黄金丸"のグラニテとショコラ・カミーノベルデ

エスプーマショコラ

材料（作りやすい分量）
カカオ85%チョコレート（カミーノ・ベルデ）
　…… 300 g
牛乳 …… 600 g
生クリーム（35%）…… 200 g

作り方
1　ボウルにチョコレートを入れ、湯煎等で溶かす。
2　牛乳、生クリームは合わせて沸かす。
3　1に2を注いでよく混ぜ、茶こしで漉す。エスプーマのディスペンサーに入れ、冷蔵庫で冷やす。

ビスキュイショコラ

材料（作りやすい分量）
全卵 …… 450 g
グラニュー糖 …… 300 g
A　薄力粉 …… 136 g
　　カカオパウダー …… 100 g
　　アーモンドパウダー …… 100 g
溶かしバター（無塩）…… 76 g
＊Aは合わせてふるっておく。

作り方
1　ボウルに全卵、グラニュー糖を合わせ、湯煎で人肌に温める。ミキサーでしっかりと泡立てる。
2　1を別のボウル（ミキシングボウルではないもの）に移し、Aを加えてさっくりと合わせる。
3　2の一部を取り出して熱い溶かしバターと混ぜ合わせ、2のボウルに戻してやさしく合わせる。
4　シルパットを敷いた60 cm×40 cmの天板に流し、170℃のオーブンで15分焼く。

黒糖のクランブル

材料（作りやすい分量）
発酵無塩バター …… 200 g（室温に戻す）
A　アーモンドパウダー …… 200 g
　　薄力粉 …… 200 g
黒糖 …… 200 g
＊Aは合わせてふるっておく

作り方
1　ボウルにバターを入れ、黒糖、Aを加えて混ぜ合わせる（混ぜ過ぎないように注意）。
2　シルパットを敷いた天板に流し、165℃のオーブンで約12分焼く。

金柑のコンフィチュール

材料（作りやすい分量）
金柑 …… 1000 g
グラニュー糖 …… 300 g

作り方
1　金柑は半割りにしてヘタと種を取り、刻む。
2　鍋に入れてグラニュー糖を加え、なじませる。
3　2を火にかけ、色が濃くなるまで煮詰める。

金柑のグラニテ

材料（作りやすい分量）
金柑 …… 100 g
金柑ピュレ …… 200 g
水 …… 140 g
グラニュー糖 …… 50 g

作り方
1　金柑は半割りにしてヘタと種を取る。
2　バイタミックスに1、金柑ピュレを合わせてよく撹拌する。
3　2に水、グラニュー糖を加えてさらによく撹拌し、容器に移して冷凍する。
4　3をフォークなどで削る。

金柑のコンポート

材料（作りやすい分量）
金柑 …… 適量
A ┌ 白ワイン …… 160 g
  │ 水 …… 160 g
  └ グラニュー糖 …… 232 g

作り方
1 金柑は半割りにし、ヘタと種を取る。
2 鍋にAを合わせて火にかけ、沸かしてグラニュー糖を溶かす。
3 容器に1を入れ、熱い2を加えて落し蓋をし、そのまま一晩おく。

レースショコラ

材料（作りやすい分量）
卵白 …… 250 g
グラニュー糖 …… 400 g
無塩バター …… 150 g
A ┌ 薄力粉 …… 200 g
  └ カカオパウダー …… 90 g
＊Aは合わせてふるっておく。

作り方
1 ボウルに卵白、グラニュー糖を合わせ、湯煎にかけて混ぜながら人肌まで温める。
2 バターは人肌程度に温めて溶かす。1に加えて混ぜる。
3 2にAを加えて混ぜる。
4 シルパットを敷いた天板に3をのばし、170℃のオーブンで5〜10分焼く。
5 熱いうちにはがして好みの形に成型する。

その他
金箔、カカオパウダー

柑橘のかき氷、パフェ、デザート ● レストランのデザート

1 中央がくぼんだ器のくぼみ部分にエスプーマショコラを絞る。

2 その上に細かく砕いたビスキュイショコラと黒糖のクランブルを均等にかける。

3 金柑のコンフィチュールをのせる。

4 全体を覆うように金柑のグラニテをかけ、金柑のコンポートをのせる。レースショコラを添え、金箔を飾り、カカオパウダーをふる。

夏文旦とアールグレイ

unis

春から夏にかけて出回る宇和ゴールド（河内晩柑）。
みずみずしくさっぱりとした口当たりの果肉に、漉したあん状のアールグレイのジュレをかけ、
のど越しのよいアヴァンデセールとした。仕上げに皮を粗く削りかけ、爽やかな香りを立たせる。

黒糖シャンティイ

材料（作りやすい分量）
生クリーム（35%）…… 300g
マスカルポーネ …… 150g
黒糖 …… 30g

作り方
1 ボウルにすべての材料を合わせて八分立てにする。

黒糖クランブル

材料（作りやすい分量）
発酵無塩バター …… 200g（室温に戻す）
黒糖 …… 200g
A ┌ アーモンドパウダー …… 200g
　　└ 薄力粉 …… 200g
＊Aは合わせてふるっておく。

作り方
1 ボウルにバターを入れ、黒糖、Aを加えて混ぜ合わせる（混ぜ過ぎないように注意）。
2 シルパットを敷いた天板に1を広げ、165℃のオーブンで約12分焼く。

ジュレアールグレイ

材料（作りやすい分量）
アールグレイ茶葉 …… 6g
水 …… 280g
グラニュー糖 …… 26g
顆粒ゼラチン（新田ゼラチン21）…… 3g

作り方
1 鍋に水を沸かしてアールグレイ茶葉を加え、蓋をして紅茶を作る。
2 1を漉して、グラニュー糖を加えて混ぜる。
3 2にゼラチンを加えて混ぜ、冷蔵庫で冷やし固める。

その他
宇和ゴールド、エディブルフラワー

《 *Assembly* 》

1 器に黒糖シャンティイを絞り、黒糖クランブルをのせる。

2 房状に切り出して薄く切った宇和ゴールド果肉をのせる。

3 茶こしで漉したジュレアールグレイを全体にかける。

4 エディブルフラワーを飾り、宇和ゴールドの皮を削りかける。

柑橘のかき氷、パフェ、デザート　●　レストランのデザート

145

愛媛県・甘夏とマスカルポーネ

unis

爽やかな甘酸っぱさが生食、加工どちらにも向く甘夏。
味わいの特徴を生かしながらコンフィ、グラニテにし、フレッシュ果肉とともに
くせのないマスカルポーネクリームと組み合わせ、
「さまざまな甘夏」を楽しんでもらう。

クレームシャンティイ
マスカルポーネ

材料（作りやすい分量）
生クリーム（35%）…… 200 g
マスカルポーネ …… 100 g
グラニュー糖 …… 20 g

作り方
1　ボウルにすべての材料を合わせ、ミキサーで七分立てにする（立て過ぎないように注意）。

甘夏のコンフィ

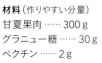

材料（作りやすい分量）
甘夏果肉 …… 300 g
グラニュー糖 …… 30 g
ペクチン …… 2 g

作り方
1　鍋に甘夏果肉、グラニュー糖を合わせてなじませる。
2　1を火にかけて色が濃くなるまで煮詰める（煮詰め過ぎに注意）。
3　2にペクチンを加えて混ぜ、さっと煮て容器に移し、冷蔵庫で冷やす。

甘夏のグラニテ

材料（作りやすい分量）
甘夏果肉 …… 300 g
グラニュー糖 …… 50 g
水 …… 150 g

作り方
1　すべての材料をバイタミックスで撹拌し、容器に移して冷凍する。
2　1をフォークで削る。

その他

クランブルアマンド（p.119参照）、甘夏果肉、ミルクフォーム、金箔、エディブルフラワー

— Assembly —

1　器にクレームシャンティイマスカルポーネを絞り、クランブルアマンドをのせる。

2　器のフチ沿いにフレッシュの甘夏果肉を添え、中央に甘夏のコンフィを置く。

3　甘夏のグラニテをかける。ミルクフォームをのせ、金箔、エディブルフラワーを飾る。

柑橘のかき氷、パフェ、デザート　●　レストランのデザート

147

"夏みかん"とミルク

unis

夏みかんの強い酸味にさまざまな乳製品を合わせ、
チーズケーキのような爽やかさとコクの一体感がある一皿とした。
甘みをごく抑えたミルクアイスを全体のつなぎとし、焼いたみかんやチュイルなどで風味と食感に抑揚をつける。

シャンティイフロマージュ

材料（作りやすい分量）
クリームチーズ（フィラデルフィア）
　　…… 130 g（室温に戻す）
サワークリーム …… 35 g
グラニュー糖 …… 15 g
生クリーム（35%）…… 150 g
牛乳 …… 40 g

作り方
1　ボウルにクリームチーズ、サワークリーム、グラニュー糖を合わせてゴムベラで混ぜる。
2　1に生クリーム、牛乳を少しずつ加えて均一に混ぜ、漉す。
3　2をエスプーマのディスペンサーに入れ、冷蔵庫で冷やす。

ケークオミエル

材料（15 cm×6 cm×高さ5 cmのパウンド型2個分）
無塩バター …… 100 g（室温に戻す）
グラニュー糖 …… 70 g
はちみつ …… 75 g
全卵 …… 120 g
A｜薄力粉 …… 90 g
　｜アーモンドパウダー …… 75 g
　｜ベーキングパウダー …… 2 g
＊Aは合わせてふるっておく。

作り方
1　ボウルにバター、グラニュー糖、はちみつを合わせ、ミキサー（ビーター）で撹拌する。
2　1に全卵を少しずつ加え、分離しないように撹拌していく。
3　全体が乳化したらAを加え、ゴムベラでさっくりと合わせる。粉っぽさがなくなりつやが出てきたらパウンド型に流す。
4　180℃のオーブンで25分焼く。

くるみのクランブル

材料（作りやすい分量）
くるみ …… 250 g
薄力粉 …… 500 g
カソナード …… 500 g
無塩バター …… 500 g
くるみパウダー …… 500 g

作り方
1　くるみは160℃のオーブンで8〜10分ローストし、粗く刻む。
2　ボウルに1、薄力粉、カソナードを入れて混ぜ合わせ、バターを加えて指で潰すように粉となじませる。くるみパウダーを加えて混ぜる。
3　160℃のオーブンで20分焼く。

夏みかんのコンフィチュール

材料（作りやすい分量）
夏みかん …… 300 g
グラニュー糖 …… 30 g

作り方
1　夏みかんは皮の表面（色づいた部分）をむく。果肉は白いワタごとざく切りにする（ワタが酸味を和らげてバランスよく仕上がる）。むいた皮は下記夏みかんの皮のコンフィに使用。
2　鍋に1の果肉を入れてグラニュー糖を加え、なじませる。
3　2を火にかけ、とろみがつくまで加熱する。

夏みかんの皮のコンフィ

材料（作りやすい分量）
夏みかんの皮 …… 2個分
グラニュー糖 …… 100 g
白ワイン …… 100 g

作り方
1　夏みかんの皮は細切りにする。
2　鍋にグラニュー糖と白ワインを合わせて火にかけ、沸かして溶かす。1を加え、火が通るまで煮て冷ます。

ミルクアイス

材料（作りやすい分量）
牛乳 …… 750 g
生クリーム …… 100 g
A｜スキムミルク …… 20 g
　｜トレハロース …… 110 g
　｜ブドウ糖 …… 50 g
　｜ミルクベース乳化安定剤 …… 15 g

作り方
1　ボウルにAを合わせて混ぜる。
2　鍋に牛乳を入れて火にかけ、40℃まで加熱する。1を加えてよく混ぜ、60℃まで加熱する。
3　ミルクベース乳化安定剤が溶けたことを確認し、火を止めて生クリームを加え、冷ます。
4　アイスクリームマシンにかける。

柑橘のかき氷、パフェ、デザート　●　レストランのデザート

ヨーグルトパウダーソルベ

材料(作りやすい分量)
ヨーグルト …… 300 g
生クリーム(35%) …… 110 g
粉糖 …… 35 g

作り方
1 ボウルにすべての材料を合わせて混ぜ、パコジェットの容器に移して冷凍する。パコジェットで撹拌する。

チュイールマスカルポーネ

材料(作りやすい分量)
マスカルポーネ …… 100 g
グラニュー糖 …… 15 g
コーンスターチ …… 10 g

作り方
1 鍋にマスカルポーネを入れて火にかけ、温める。
2 1にグラニュー糖、コーンスターチを加えて混ぜ、とろみがついたら火を止める。
3 1をシルパットにのばし、90℃の風力を強めに設定したコンベクションオーブンで20分加熱する。熱いうちにシルパットからはがしてちぎり、丸みのある型などにあてて成型する。

チュイールオランジュ

材料(作りやすい分量)
オレンジ果汁 …… 100 g
グラニュー糖 …… 20 g
コーンスターチ …… 10 g

作り方
1 鍋にオレンジ果汁を入れて火にかけ、温める。
2 1にグラニュー糖、コーンスターチを加えて混ぜ、とろみがついたら火を止める。
3 1を葉の形のすり込み型を敷いたシルパットにのばし、90℃の風力を強めに設定したコンベクションオーブンで20分加熱する。熱いうちに成型する。

その他

夏みかん果肉、みかん果肉、エディブルフラワー、金箔、ミルクフォーム

Assembly

1 器にシャンティイフロマージュを絞り、スライスして丸く抜いたケークオミエルを添える(ケークはアイスをのせる台になる)。

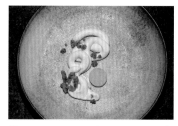

2 シャンティイにくるみのクランブルを添える。

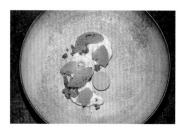

3 夏みかん果肉と、バーナーで焼いたみかん果肉をのせる。

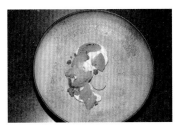

4 夏みかんのコンフィチュールを少しずつ何箇所かに
　添える。

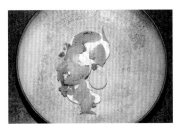

5 夏みかんの皮のコンフィを添える。

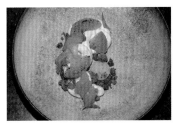

6 ケークのまわりにクランブルを置く。

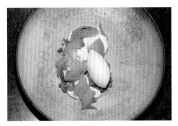

7 ケークにミルクアイスをのせる。

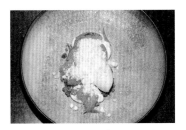

8 ヨーグルトパウダーソルベをかける。

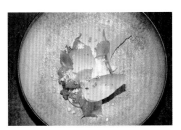

9 チュイールマスカルポーネとチュイールオランジュを
　交互に飾る。

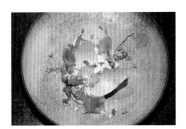

10 エディブルフラワーを散らして金箔を飾る。ミルク
　フォームを添える。

ケークオミエル

材料（15㎝×6㎝×高さ5㎝のパウンド型2個分）
無塩バター …… 100g（室温に戻す）
グラニュー糖 …… 70g
はちみつ …… 75g
全卵 …… 120g
A［薄力粉 …… 90g
　 アーモンドパウダー …… 75g
　 ベーキングパウダー …… 2g
＊Aは合わせてふるっておく。

作り方
1　ボウルにバター、グラニュー糖、はちみつを合わせ、ミキサー（ビーター）で撹拌する。
2　1に全卵を少しずつ加え、分離しないように撹拌していく。
3　全体が乳化したらAを加え、ゴムベラでさっくりと合わせる。粉っぽさがなくなりつやが出てきたらパウンド型に流す。
4　180℃のオーブンで25分焼く。

黒糖シャンティイ

材料（作りやすい分量）
生クリーム（35%） …… 300g
マスカルポーネ …… 150g
黒糖 …… 30g

作り方
1　ボウルにすべての材料を合わせ、八分立てにする。

その他

カラマンダリン果肉、求肥、金箔、最中の皮、白あん、小夏と生姜のコンフィチュール（p.85参照）、小夏果肉

Assembly

1　**写真左：**ケークオミエルを丸く抜き、その上に黒糖シャンティイを絞る。
2　シャンティイのまわりにカラマンダリン果肉を添え、丸く抜いた求肥をかぶせる。金箔を飾る。
3　**写真右：**最中の皮に白あんを絞り、その上に小夏と生姜のコンフィチュールを絞る。
4　その上から、ほぐした小夏果肉をのせる。蓋になる最中の皮を添える。

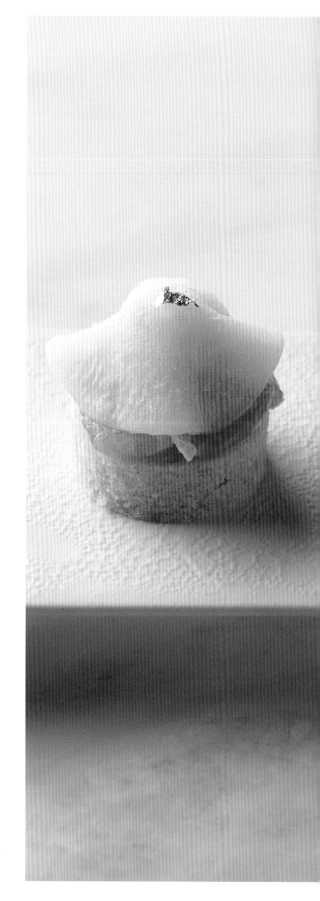

カラマンダリンの
タルトレットと小夏の最中

unis

一口の茶菓子を二種。コクがあり酸味の穏やかなカラマンダリンには、
やさしい甘みのはちみつケークと、日本人になじみのあるやわらかな求肥。
もう一つは爽やかな酸が特徴の小夏を使い、
まったりとして甘い白あんの最中をさっぱりと食べてもらう。

柑橘のかき氷、パフェ、デザート　レストランのデザート

柑橘の
デザートコース

Ode

さまざまな柑橘の個性を表現した、16品のデザートコース。
品種の味わいに合わせて一品ごとに変化をつけながら、
アクセントとなる味を意識的に差し込み、次の品への流れを作る。

一口の
ベルガモットカクテル

ハーブや白ワインでマリネしたベルガモットで、手に取って齧ると
口中で風味が混ざり合う「食べるカクテル」。
果肉には炭酸を含ませており、酸味とともに軽い刺激が食欲をわかせる。
仕上げに添えた塩で酸をまろやかにし、一滴のウォッカで味わいを引き締める。

柑橘のかき氷、パフェ、デザート ● 柑橘のデザートコース

一口のトゥルトーフロマージュ

右のバターサンドとともに、アミューズの一品。シェーブルのアパレイユの下に
香りのよいはるかのコンフィチュールを仕込み、熱々を提供して香りを立たせる。
仕上げにはるかの果汁を注入し、フレッシュな風味も添えている。

尾道の
オレンジバターサンド

国産ネーブルのすべてを詰め込んだ、小さな冷たいバターサンド。
セミドライ果肉、コンフィチュール、皮のジュリエンヌの凝縮感や苦みで
バターのコクと調和を図りながら、食感に変化をつける。
クリームは口中でなめらかに溶け、スパイシーなクミンが全体の甘みを締める。

柑橘のかき氷、パフェ、デザート ◉ 柑橘のデザートコース

藏光農園の
デコポンのカルパッチョ

デコポンのなめらかな舌触りを楽しむ、前菜的な一品。
つるんとした薄いゼリーを重ね、果肉の食感を際立たせた。
グランマルニエや花のピクルス、生姜のパティシエール、
凝縮感あるデコポンやトマトのソースで、一口ごとに風味の変化をつける。
ダージリン風味のほろ苦いグラニテは、好みでかけてもらう。

柑橘のかき氷、パフェ、デザート ◉ 柑橘のデザートコース

甘夏のスープ

甘夏の酸味に感じる
「青い」イメージから、
黄パプリカと合わせて
スープ仕立てにした。
中にワタのソルベも入れ、
パプリカの苦みに
寄り添わせている。
底にかんずりを少量仕込み、
風味に動きをつけて
次の一品につなげる。

蒟蒻×八朔

スープの後の、食感を楽しむ一皿。
ごく薄くスライスした蒟蒻に
八朔のほろほろとしたさじょうが絡み、
嚙んではじけ出た八朔果汁とミルクソースが混ざり合う。
全体に穏やかな味わいを、
苦みを想起させるローズマリーの香りで締める。

かぼすと
春峰のグラニテ

メインのデザートが始まる前の、香酸柑橘をきかせた冷たいグラニテ。
春峰はやさしい甘みとコクを生かして敢えて手を加えず、
沖縄のロングペッパー（ヒバーチ）やレモングラス、バジル、
シャルトリューズ風味のゼリーなどで、清涼感あふれる一皿とした。

柑橘のかき氷、パフェ、デザート ● 柑橘のデザートコース

緑茶×パンプルムース

次に出す、しっかりと甘みのあるパンドジェンヌの皿を意識した、苦みの一皿。
ジューシーで味わいと果肉感の強いグレープフルーツを緑茶でマリネし、
その風味の強さをバタークリームで包み込む。
メレンゲはごく軽い食感で、口中で緑茶の香りが立つ仕立て。
パルフェは温度の引き締め役であると同時に、露地栽培の風味が強いローズマリーを使い、
緑茶一色の香りにならないようバランスをとる。

パンドジェンヌと
柑橘のマーマレード

5種の柑橘を使ったマーマレードは、甘みの中にそれぞれの苦みや風味が生きた仕上がり。

軽く温かなパンドジェンヌや、コクのあるデーツのアイスと合わせて食べると、

組み合わせや口に入る柑橘によって少しずつ味が変わり、最後まで飽きさせない。

パンドジェンヌの上には、ナッツ風味のエスプーマ。

その間には、マーマレードと一緒に咀嚼できるよう、食感の要素として求肥を仕込んでいる。

柑橘のかき氷、パフェ、デザート　●　柑橘のデザートコース

八朔×山羊

比較的穏やかな甘み、酸味が持ち味の八朔と、マイルドな山羊ミルクの組み合わせ。
中にはぷりぷりとした八朔果肉をたっぷりと盛り、アイスやチーズムースを絡めて食べてもらう。
チョコレートの蓋には、オイリーで中庸な風味のブラジルナッツが削りかけてあり、
提供時に注ぐ温かいミルクソースとともに全体のつなぎとしている。
やさしい味わいのトーンの中、少量のワサビがアクセント。

不知火 ティラミス

味わいが強く、肉厚でさじょうがぎっしりと詰まった不知火。
一度乾燥させてから果汁で炊き戻し、味を凝縮させるとともに食感に弾力を持たせた。
この不知火の食感を生かすため、シンプルなティラミス仕立てに。
しっかりとした甘みとコクのクリームと不知火の凝縮感で
メインデザートらしい食べ応えを出しながら、甘みを抑えたフレークアイスと
コーヒー入りパウダーでキレを与え、次の一品へつなげる。

柚子×ショコラ×唐辛子

メインデザートの最後は、日本人になじみ深い柚子の香りが主役。
チョコケースの中には、柚子風味のブリュレやクレームショコラを入れ、
提供時に上から熱い自家製柚子チェロをかける。また、皿にはフレッシュの柚子皮をこすりつけておき、
食べ手は外から、内から、さまざま柚子の香りを感じられる趣向。
飴の下にはヨーグルトパルフェ、チョコケースの底には唐辛子入りチョコレートを忍ばせ、
食べ進めやすさと味わいのフックとした。

柑橘のかき氷、パフェ、デザート ● 柑橘のデザートコース

乾燥みかん×パートドフリュイ

みかんの形をいかす仕立てを意識し、
薄皮つきで乾燥させ味を凝縮させたみかんに、みかんのパートドフリュイを重ねた。
フレッシュみかんを食べる感覚で口に運ぶと、シンプルかつ複雑な味わいが意表をつく。

すだちのショコラヴァンショーとギモーヴ
ライムリーフの香り

茶菓子の中に一つ、青い柑橘の風味を楽しむ一品を用意。
ギモーヴを咀嚼しながら温かくもったりとしたショコラヴァンショーを口に含み、
混ざり合う味と香りを、食後酒のようにゆっくりと楽しんでもらう。

仏手柑ボンタンアメ

仏手柑をローストし、甘いニュアンスを出してから丸ごとピュレにして練り上げた。
砂糖や白玉粉を加えているが、素材由来の苦みや甘み、
ワタのねっとりとしたテクスチャーが生きており、素材全体の味を一粒で感じさせる。

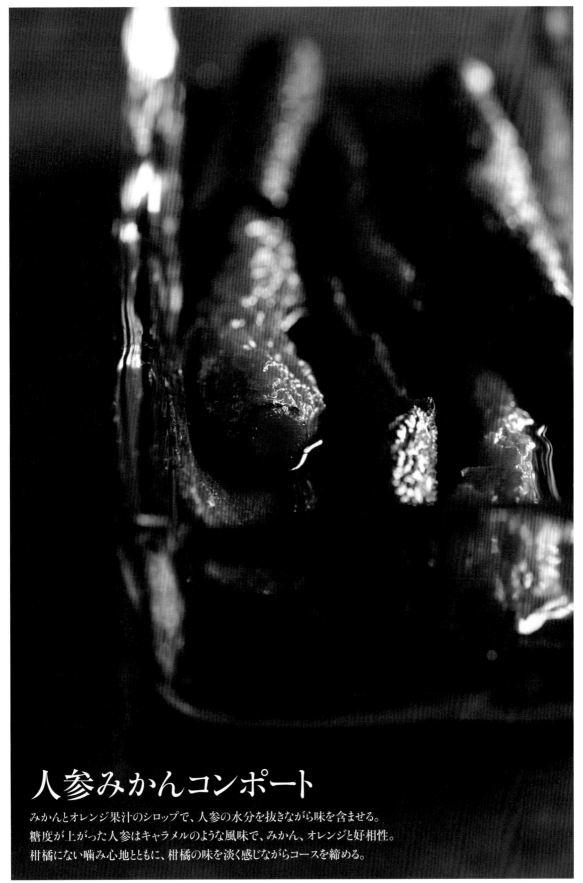

柑橘のかき氷、パフェ、デザート ◉ 柑橘のデザートコース

人参みかんコンポート

みかんとオレンジ果汁のシロップで、人参の水分を抜きながら味を含ませる。
糖度が上がった人参はキャラメルのような風味で、みかん、オレンジと好相性。
柑橘にない嚙み心地とともに、柑橘の味を淡く感じながらコースを締める。

一口のベルガモットカクテル

材料（作りやすい分量）
白ワイン …… 200g
グラニュー糖 …… 80g
レモングラス …… 15g
レモンバーム …… 5g

A ⎡ レモン果汁 …… 30g
　⎢ 白コショウ …… 1g
　⎣ ローリエ …… 1枚
ベルガモット（青いもの）…… 4個
粗塩 …… 適量
ウォッカ …… 適量

作り方
1　鍋に白ワイン、グラニュー糖、レモングラス、レモンバームを入れ、火にかけて沸かす。グラニュー糖が溶けたら火を止め、**A**を加えて蓋をし、10分ほどおいて風味を移す。漉して冷蔵庫で冷やす。
2　1、8等分のくし切りにしたベルガモットを容量0.7ℓのソーダサイフォンに入れ、ガスのカートリッジを4本充填する。
3　冷蔵庫で6時間ほどなじませる。
4　ベルガモットを取り出し、仕上げに粗塩とウォッカを一滴香らせ、かちわり氷（分量外）を詰めた器に盛る。

一口のトゥルトーフロマージュ

シュクレ生地

材料（作りやすい分量）
無塩バター …… 70g　　　　粉糖 …… 70g
薄力粉（エクリチュール）　　全卵 …… 57g
　…… 200g　　　　　　　　塩 …… 1g
はるかの皮 …… 2g

作り方
1　すべての材料をしっかり冷やし、フードプロセッサーで撹拌する。
2　1の生地をまとめ、ラップで包み、冷蔵庫で半日ねかせる。
3　2を2mm厚さにのばし、直径4cmのタルトレット型に敷き込む。
4　175℃のコンベクションオーブンで12分加熱する。

その他
はるか果汁

はるかコンフィチュール

材料（作りやすい分量）
はるか …… 適量
グラニュー糖 …… はるかの重量に対して50%
レモン果汁 …… はるかとグラニュー糖の総量の10%

作り方
1　はるかを皮ごとスライスし、種を取り除く。
2　1を一度冷凍し、鍋に入れて火にかけ、解凍しながら皮に火を入れていく。
3　皮に火が入ったらグラニュー糖、レモン果汁を加え、煮詰める。

シェーブルアパレイユ

材料（作りやすい分量）
シェーブル（青かびタイプ）…… 15g
グラニュー糖A …… 16g
全卵 …… 57g
はるかの皮（すりおろす）…… 2g
卵白 …… 36g
グラニュー糖B …… 15g
薄力粉（エクリチュール）…… 10g

作り方
1　ボウルにシェーブル、グラニュー糖A、全卵、はるかの皮を入れ、ゴムベラで混ぜ合わせる。
2　ボウルに卵白、グラニュー糖Bを合わせ、メレンゲを立てる。
3　1に2を加えて混ぜ合わせ、ふるった薄力粉を加えてさっくりと合わせる。

Assembly

1 シュクレ生地にはるかコンフィチュール、シェーブルアパレイユを入れ、250℃のコンベクションオーブンで6分焼く。
2 焼きたての熱い状態でタルトの側面に穴をあけ、スポイトではるか果汁を注入する。その穴に柑橘の枝（分量外）を刺し、柑橘の葉（分量外）を添えて提供する。

尾道のオレンジバターサンド

クミンのサブレ

材料（作りやすい分量）
無塩バター …… 76g
粉糖 …… 28g
全卵 …… 10g
薄力粉（エクリチュール）…… 40g
強力粉（カメリア）…… 40g
塩 …… 0.8g
クミンパウダー …… 4g

作り方
1 すべての材料を冷蔵庫でしっかりと冷やし、フードプロセッサーで撹拌する。一つにまとめてラップで包み、冷蔵庫で半日やすませる。
2 1を2mm厚さにのばし、直径4.5cmの丸型で抜き、半円形に切る。
3 175℃のコンベクションオーブンで15分焼く。

オレンジバター

材料（作りやすい分量）
無塩バター …… 200g（室温に戻す）
はちみつ …… 40g
グランマルニエ …… 20g
ネーブルマーマレード（右記参照）…… 50g
セミドライネーブル（右記参照）…… 30g
クミンホール …… 3g

作り方
1 ボウルにバターを入れてポマード状にし、残りの材料を加えて混ぜ合わせる。
2 1.5cm厚さにならし、冷蔵庫でしっかりと冷やす。
3 直径4cmのセルクルで抜き、半円状に切る。

ネーブルマーマレード

材料（作りやすい分量）
ネーブル …… 2個
グラニュー糖 …… ネーブルと同量
レモン果汁 …… ネーブルとグラニュー糖の総量の10%

作り方
1 ネーブルは2mm厚さにスライスし、一度冷凍する。
2 1を凍ったまま鍋に入れて蓋をし、火にかける。
3 ネーブルに火が入ったらグラニュー糖を加え、Brix70度まで炊く。
4 レモン果汁を加えて少し炊く。

セミドライネーブル
房状に切り出したネーブル果肉を食品乾燥機でセミドライにする。

オレンジラペ

材料（作りやすい分量）
ネーブルの皮 …… 適量
ボーメ30°シロップ …… 適量
オリーブオイル …… 適量
クミンパウダー …… 適量

作り方
1 ネーブルの皮をさっとゆで、水気をきってシロップとともに真空パックする。
2 1の皮を細切りにし、オリーブオイル、クミンパウダーと絡める。

Assembly

1 クミンのサブレでオレンジバターをはさむ。
2 1のバターの曲面部分にオレンジラペをのせる。
3 バターの平面部分を下にしてクミンシード（分量外）を敷き詰めた器に盛る。

藏光農園のデコポンのカルパッチョ

生姜のパティシエール

材料（作りやすい分量）
卵黄 …… 40 g
グラニュー糖 …… 20 g
薄力粉 …… 12 g
牛乳 …… 200 g
生姜の絞り汁 …… 50 g

作り方
1 ボウルに卵黄、グラニュー糖、薄力粉を合わせて泡立て器で白っぽくなるまですり混ぜる。
2 鍋に牛乳、生姜の絞り汁を合わせて火にかけ、沸かす。
3 1に2を加えて泡立て器で均一に混ぜ、鍋に戻して火にかけ、混ぜながら炊き上げる。

グラスデコポン

材料（作りやすい分量）
デコポン果汁 …… 100 g
グランマルニエ …… 30 g
白ワインビネガー …… 20 g

作り方
1 鍋にデコポン果汁、グランマルニエ、白ワインビネガーを合わせて火にかけ、煮詰めて濃度をつける。

デコポンスライス

材料（作りやすい分量）
デコポン …… 適量
花のピクルス（下記参照）…… 適量
グランマルニエ …… 適量
〇花のピクルス…鍋に白ワインを入れて火にかけ、アルコール分を飛ばす。グラニュー糖、ビネガーで味をととのえ、菊の花を加え、一煮立ちさせ、冷蔵庫で冷やす。

作り方
1 デコポンは果肉を房状に取り出し、花のピクルスとともにグランマルニエでマリネする。

コーティングゼリー

材料（作りやすい分量）
白ワイン …… 150 g
グラニュー糖 …… 30 g
白ワインビネガー …… 5 g
アガー …… 8 g

作り方
1 鍋に白ワイン、グラニュー糖、白ワインビネガーを入れて火にかけ、アルコール分をとばし、グラニュー糖を溶かす。
2 アガーを加えて溶かし、薄く流して固める。

トマトソース

材料（作りやすい分量）
フルティカトマト …… 30 g
オレンジ果汁 …… 40 g

作り方
1 鍋にすべての材料を入れて火にかけ、煮る。
2 しっかり煮詰めたらフードプロセッサーにかける。

ダージリンの
キャラメルのグラニテ

材料（作りやすい分量）
グラニュー糖 …… 15 g
水 …… 150 g
ダージリン茶葉 …… 10 g

作り方
1 水を沸かしてダージリン茶葉を加え、蓋をして5分蒸らし、漉す。
2 鍋にグラニュー糖を入れて火にかけ、色づいたら1の1/3量を加えて止め、残りを加えてのばしていく。
3 パコジェットの容器に入れて冷凍する。
4 パコジェットにかけ、パウダー状にする。

ブラックデコポン

デコポンを食品乾燥機など70℃程度の場所で3日ほど乾燥させる。

その他

シナモン

~⟨ *Assembly* ⟩~

1　器に生姜のパティシエールを流し、その上にグラスデコポンをのせる。
2　円形に抜いたコーティングゼリーでデコポンスライスを包み、1のパティシエールとグラスデコポンの上に並べる。トマトソースを添える。デコポンにブラックデコポンとシナモンを削りかける。
3　別皿でダージリンのキャラメルのグラニテを添える。

甘夏のスープ

かんずり

材料（作りやすい分量）
柚子 …… 2個
塩麹 …… 70 g
粉唐辛子 …… 35 g

作り方
1　柚子はヘタと種を取り除き、果汁を絞る。皮はワタを掃除する。皮、果汁、塩麹、粉唐辛子を合わせてバイタミックスにかける。
2　1を様子を見ながら一週間ほどねかせて、辛みが丸くなったら使用する。

ゼスト白棉アイス

材料（作りやすい分量）
甘夏の皮（ワタつき） …… 50 g
白ワイン …… 100 g
水 …… 30 g
水飴（ハローデックス） …… 25 g
グラニュー糖 …… 10 g

作り方
1　鍋に適当な大きさにカットした甘夏の皮、白ワイン、水を合わせて火にかけ、皮に火が通るまで煮る。
2　1に水飴、グラニュー糖を加え、ハンドブレンダーで撹拌する。
3　2をパコジェットの容器に入れて冷凍する。
4　パコジェットにかける。

甘夏スープ

材料（作りやすい分量）
甘夏果肉 …… 200 g
黄パプリカピュレ（下記参照） …… 30 g
レモン果汁 …… 20 g
ボーメ30°シロップ …… 10 g
塩レモン …… 2 g
○黄パプリカピュレ…黄パプリカの種とヘタを取り、220℃のオーブンでローストしてミキサーでピュレにする。

作り方
1　甘夏果肉はバイタミックスにかける。
2　1に残りの材料を加えて撹拌し、さらにパコジェットで撹拌しなめらかに仕上げる。

その他

甘夏果肉、オリーブオイル

~⟨ *Assembly* ⟩~

1　器の底にかんずり少量を置き、クネルに抜いたゼスト白綿アイス、甘夏果肉を盛る。
2　オリーブオイルをかけ、甘夏スープを注ぐ。

蒟蒻×八朔

ローズマリーのミルクソース

材料（作りやすい分量）
牛乳 …… 200 g
ローズマリー（露地もの）…… 15 g
水飴（ハローデックス）…… 15 g
ペクチン …… 10 g

作り方
1 鍋に牛乳、ローズマリーを入れて火にかけ、沸かす。火を止めて蓋をし、3分ほどおいて風味を移し、漉す。
2 水飴、ペクチンを混ぜ合わせて1に加え、混ぜて濃度をつけ、冷やす。

塩ババロワ

材料（作りやすい分量）
牛乳 …… 200 g
生クリーム …… 50 g
塩 …… 3 g
グラニュー糖 …… 15 g
アガー …… 10 g

作り方
1 鍋に牛乳、生クリーム、塩、グラニュー糖を合わせて火にかけ、沸かして塩とグラニュー糖を溶かす。
2 1にアガーを加えて混ぜ、火を止めてバット等に薄く流し、固める。丸型で抜き、半分に切る。

八朔のマリネ

材料（作りやすい分量）
八朔 …… 適量
ボーメ30°シロップ …… 適量
レモン果汁 …… 適量

作り方
1 八朔をさじょうにほぐし、シロップ、レモン果汁でマリネする。

その他
コンニャク、ローズマリー

Assembly

1 器にローズマリーのミルクソースを流し、その上に塩ババロワを盛り、八朔のマリネをのせる。
2 ミートスライサーで薄くスライスしたコンニャクで1を覆い、ローズマリーを添える。

かぼすと春峰のグラニテ

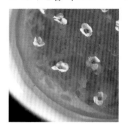

かぼすミントバタークリーム

材料（作りやすい分量）
レモン果汁 …… 30g
かぼす果汁 …… 40g
かぼすの皮（すりおろし）…… 2個分
全卵 …… 100g
グラニュー糖 …… 80g
板ゼラチン …… 1.3g（水で戻す）
無塩バター …… 120g（ポマード状）
ミント …… 20g

作り方

1　鍋にレモン果汁、かぼす果汁を合わせて火にかけ、沸いたらかぼすの皮を加えて蓋をし、火を止めて5分ほどおいて風味を移す。
2　全卵、グラニュー糖を混ぜ合わせ、**1**に加えて混ぜる。火にかけて混ぜながらとろみがつくまで加熱する。
3　ゼラチンを加えて混ぜ、40℃まで冷まし、バターとミントを加えてハンドブレンダーで撹拌し、冷蔵庫で冷やす。

グラニテ

材料（作りやすい分量）
A ┌ 白ワイン …… 200g
　│ 水 …… 50g
　│ ライム果汁 …… 30g
　│ グラニュー糖 …… 20g
　└ レモングラス …… 10g
バジル …… 2枚
板ゼラチン …… 1.2g（水で戻す）

作り方

1　鍋に**A**を合わせて沸かし、バジルを加えて蓋をし、火を止めて10分おき香りを移す。
2　**1**を漉して再び温め、ゼラチンを加えて溶かす。パコジェットの容器に移し、冷凍する。パコジェットにかける。

シャルトリューズゼリー

材料（作りやすい分量）
白ワイン …… 200g
グラニュー糖 …… 60g
レモン果汁 …… 40g
シャルトリューズ …… 100g
アガー …… 20g

作り方

1　鍋に白ワインを入れて火にかけ、アルコール分をとばす。
2　**1**にグラニュー糖、レモン果汁、シャルトリューズを加えて混ぜ、グラニュー糖を溶かす。
3　**2**にアガーを加えて混ぜ、溶かす。バット等に薄く流し、固める。

その他

春峰果肉、ロングペッパー、エディブルフラワー

Assembly

1　器にさじょうにほぐした春峰果肉を盛り、かぼすミントバタークリームをかける。
2　グラニテを全面にかけ、ロングペッパーを削りかけ、円形に切り抜いたシャルトリューズゼリーをかぶせる。
3　エディブルフラワーを飾る。

緑茶×パンプルムース

パンプルムースキャラメル

材料（作りやすい分量）
グラニュー糖 …… 20 g
グレープフルーツピュレ …… 120 g
ジン …… 15 g

作り方
1 鍋にグラニュー糖を入れて火にかけ、色づける。
2 グレープフルーツピュレを加えて火を止め、ジンを加えて混ぜる。

ローズマリーのパルフェ

材料（作りやすい分量）
牛乳 …… 200 g
ローズマリー …… 8 g
はちみつ …… 60 g
板ゼラチン …… 4 g（水で戻す）
生クリーム …… 150 g

作り方
1 鍋に牛乳、ローズマリーを入れて火にかけ、沸いたら蓋をして火を止め、10分ほどおいて風味を移す。
2 1を漉してはちみつ、ゼラチンを加えて混ぜ、溶かす。氷水にあてて混ぜながら15℃まで冷ます。
3 生クリームを七分立てにし、2に合わせる。バットに8mm程度の厚さに流して冷凍する。

クレームパンプルムース

材料（作りやすい分量）
グレープフルーツ果汁 …… 130 g
グレープフルーツの皮 …… 10 g
全卵 …… 60 g
卵黄 …… 20 g
グラニュー糖 …… 60 g
板ゼラチン …… 3.7 g
無塩バター …… 175 g

作り方
1 鍋にグレープフルーツ果汁と皮を合わせて火にかけ、沸いたら蓋をして火を止め、5分ほどおく。
2 ボウルに全卵、卵黄、グラニュー糖を合わせて泡立て器ですり混ぜ、1を漉し入れて混ぜる。鍋に戻して火にかけ、混ぜながらとろみがつくまで炊く。
3 ゼラチンを加えて混ぜて溶かし、氷水にあてて40℃まで冷ます。バターを加えて混ぜ合わせる。

グレープフルーツの緑茶マリネ

材料（作りやすい分量）
グレープフルーツ（ホワイト、ルビー） …… 適量
白ワイン …… 200 g
水 …… 50 g
新茶茶葉パウダー …… 20 g
カソナード …… 20 g

作り方
1 鍋に白ワインを入れて火にかけ、アルコール分をとばす。水、新茶茶葉パウダー、カソナードを加え、カソナードを溶かす。
2 1が温かいうちにカットしたグレープフルーツ果肉を加え、そのまま冷ます。

緑茶メレンゲ

材料（作りやすい分量）
卵白 …… 100 g
きび砂糖 …… 80 g
A 粉糖 …… 45 g
抹茶パウダー …… 5 g
緑茶パウダー …… 適量
＊Aは合わせてふるっておく。

作り方
1 ボウルに卵白を入れ、きび砂糖を3回に分けて加えながらメレンゲを立てる
2 1にAを加えて混ぜる。
3 2を葉っぱ型のすり込み型にすり込み、食品乾燥機で乾燥させる。

Assembly

1 器の中央の左寄りとその奥にパンプルムースキャラメルを少量流し、奥のほうに3cm四方程度の大きさにカットしたローズマリーのパルフェをのせる（パルフェは盛りつけの後方の高さを出す土台になる）。
2 1のパルフェの手前と上に、一房を1/3程度にカットしたグレープフルーツの緑茶マリネを4つほど置き、その間にクレームパンプルムースを絞る。
3 クレームパンプルムースや最初に流したパンプルムースキャラメルをのりにして緑茶メレンゲを立たせ、森のように盛りつける。

パンドジェンヌと柑橘のマーマレード

パンドジェンヌ

材料（作りやすい分量）
マジパン（下記参照）…… 178 g
全卵 …… 140 g（室温に戻す）
オレンジの皮 …… 1個分（削る）
はちみつ …… 20 g
A ┌ 薄力粉（エクリチュール）…… 10 g
　└ コーンスターチ …… 10 g
澄ましバター …… 14 g
グランマルニエ …… 5 g

〇マジパン…アーモンドパウダー200 g、粉糖100 g、卵白30 g、水飴20 g
を混ぜ合わせる。
＊Aは合わせてふるっておく。

作り方
1　マジパンを40℃まで温める
2　全卵にオレンジの皮を加え、混ぜる。
3　1を2、はちみつでのばし、泡立て器でしっかりと空気
　を含ませる。
4　Aを加え、澄ましバター、グランマルニエを加えて混
　ぜる。
5　天板にシルパットを敷き、直径6 ㎝のセルクルを3個
　置いて4を流し、150℃のオーブンで20〜25分焼く。

求肥

材料（作りやすい分量）
白玉粉 …… 100 g
水 …… 200 g
グラニュー糖 …… 100 g
トレハロース …… 80 g

作り方
1　鍋に白玉粉を入れ、水を加えてダマなくのばし、グラ
　ニュー糖、トレハロースを加えて混ぜる。
2　1を火にかけて混ぜながら軽く透き通るくらいに加熱
　し、コーンスターチ（分量外）を敷いたバット等に薄く
　伸ばして冷まし、固める。

アーモンドミルクエスプーマ

材料（作りやすい分量）
無糖アーモンドミルク …… 1 kg　　無塩バター
薄力粉 …… 30 g　　　　　　　　　　 …… 10 g
　　　　　　　　　　　　　　　アマレット …… 15 g

作り方
1　鍋にアーモンドミルクを入れて火にかけ、400 gにな
　るまで煮詰める。
2　別の鍋に薄力粉とバターを入れて火にかけ、薄力粉
　を焦がさないように炒める。
3　2に1を加えてダマにならないように混ぜて沸かし、ア
　マレットを加えて漉す。
4　3をエスプーマのディスペンサーに入れ、湯煎で55
　〜60℃程度に調整して使う。

デーツアイスクリーム

材料（作りやすい分量）
牛乳 …… 300 g
生クリーム …… 50 g
卵黄 …… 40 g
グラニュー糖 …… 20 g
水飴（ハローデックス）…… 20 g
デーツバター（下記参照）…… 80 g

〇デーツバター…鍋にアマレット30 g、ペドロヒメネス30 g、マルサラ酒50 g
を合わせ、デーツ100 gを加えて火にかけ、液体が半量になるまで煮含め、
冷まして無塩バター60 gと合わせてフードプロセッサーにかけ、乳化させる。

作り方
1　鍋に牛乳、生クリームを合わせて火にかけ、沸かす。
2　ボウルに卵黄、グラニュー糖、水飴を合わせ、泡立て
　器で白っぽくなるまですり混ぜる。
3　2に1を加えて均一に混ぜ、鍋に戻してとろみがつく
　まで炊く。
4　氷水にあてて冷やし、パコジェットの容器に入れて
　デーツバターを加え、冷凍する。パコジェットにかける。

マーマレードアグリュム

材料（作りやすい分量）
レモン …… 1個
グレープフルーツ …… 2個
ピンクグレープフルーツ …… 1個
オレンジ …… 1個
みかん …… 1個
グラニュー糖 …… 柑橘の総量の60％

作り方
1　すべての柑橘を皮ごと5 ㎜ほどの厚さにスライスし、
　冷凍する。
2　1を鍋に入れて火にかけ、解凍しながら皮に火を入れ
　る。
3　グラニュー糖を加えて炊き上げる。

その他
フェンネルシード、フェンネルのつぼみ

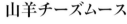

Assembly

1　ひし形に切ったパンドジェンヌに同じ形に切った求肥をのせ、その上にアーモンドミルクエスプーマをかける。端にフェンネルシードをつける。
2　器に1を2個盛り、その横にデーツアイスクリームを盛る。
3　マーマレードアグリュム、フェンネルのつぼみを添える。

八朔×山羊

レモンクリーム

材料（作りやすい分量）
全卵 …… 60 g
グラニュー糖 …… 72 g
レモン果汁 …… 65 g
無塩バター …… 88 g

作り方
1　鍋に全卵、グラニュー糖、レモン果汁を合わせて火にかけ、泡立て器で混ぜながら加熱し、炊き上げる。
2　氷水にあてて冷やし、35℃になったらバターを加え、混ぜ合わせる。

山葵ソース

材料（作りやすい分量）
本山葵（すりおろす）…… 20 g
はちみつ …… 5 g
緑茶（濃く煮詰めたもの）…… 5 g

作り方
1　本山葵とはちみつを混ぜ合わせ、緑茶を加えて混ぜる。

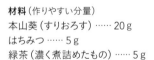

山羊チーズムース

材料（作りやすい分量）
山羊チーズ …… 50 g
山羊ヨーグルト（水切り）…… 53 g
マスカルポーネ …… 140 g
クレームパティシエール …… 57 g
八朔の皮（すりおろす）…… 1/2個分
板ゼラチン …… 2.1 g（水で戻す）
生クリーム（35%）…… 125 g
イタリアンメレンゲ …… 53 g

作り方
1　ボウルに山羊チーズ、山羊ヨーグルト、マスカルポーネ、クレームパティシエール、八朔の皮を合わせ、ゴムベラで混ぜ合わせる。
2　ゼラチンを湯煎等で加熱して溶かし、1の一部と混ぜ合わせ、1の全体に加えて混ぜる。
3　生クリームは六分立てにする。
4　2にイタリアンメレンゲを加えて合わせ、さらに3を加えて合わせ、冷蔵庫で冷やし固める。

山羊ミルクアイスクリーム

材料（作りやすい分量）
山羊乳 …… 1 kg
生クリーム（35%）…… 100 g
水飴（ハローデックス）…… 250 g
グラニュー糖 …… 30 g
塩 …… 一つまみ

作り方
1　鍋に山羊乳、生クリームを合わせ、火にかけて沸かし、水飴、グラニュー糖、塩を加えて溶かし、氷水にあてて冷やす。
2　1をパコジェットの容器に入れて冷凍し、パコジェットにかける。

山羊ミルクソース

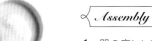

材料（作りやすい分量）
山羊乳 …… 200 g
生クリーム（35%）…… 50 g
グラニュー糖 …… 10 g
トレハロース …… 40 g
塩 …… 1 g
水飴（ハローデックス）…… 20 g
イナアガー …… 15 g

作り方
1　鍋にイナアガー以外の材料を合わせて火にかけ、糖類を溶かす。
2　1にイナアガーを加えて混ぜ、軽くとろみをつける。

その他

八朔果肉、八朔の皮のシロップ煮、ホワイトチョコレート（テンパリングして薄い板状に固めたもの）、ブラジルナッツ

Assembly

1　器の底にレモンクリームと山葵ソースを流し、山羊チーズムース、山羊ミルクアイスクリームを盛る。

2　ムースにさじょうにほぐした八朔果肉をのせ、細長く切った八朔の皮のシロップ煮を散らす。
3　器の大きさに合わせて丸くカットしたホワイトチョコレートをのせ、ブラジルナッツを削りかける。
4　提供時に温めた山羊ミルクソースをかける。

柑橘のかき氷、パフェ、デザート ● 柑橘のデザートコース

不知火 ティラミス

ドゥミセック不知火

材料（作りやすい分量）
不知火果肉 …… 適量
オレンジ果汁 …… 50 g
不知火果汁 …… 100 g
グランマルニエ …… 20 g

作り方
1　不知火果肉は食品乾燥機でセミドライにする。
2　鍋にオレンジ果汁、不知火果汁を合わせて火にかけ、1/3に煮詰める。
3　2にグランマルニエ、1を加え、3分ほど加熱し、冷ます。

アマレット漬けチョコレート

材料（作りやすい分量）
チョコレート …… 適量
アマレット …… 適量

作り方
1　アマレットを冷蔵庫で一晩冷やす。
2　1に溶かしたチョコレートを流し入れ、固める。

ビスキュイショコラ

材料（作りやすい分量）
A｜全卵 …… 78 g
　｜卵黄 …… 78 g
　｜アーモンドパウダー …… 104 g
　｜粉糖 …… 160 g
卵白 …… 120 g
グラニュー糖 …… 35 g
B｜カカオパウダー …… 42 g
　｜薄力粉（エクリチュール）…… 23 g
　｜コーンスターチ …… 20 g
溶かしバター（無塩）…… 40 g

作り方

1 ボウルにAを合わせ、泡立て器で少しもったりするまで立てる。
2 別のボウルに卵白、グラニュー糖を合わせてメレンゲを立てる。
3 2の1/3量を1のボウルに加えて合わせる。さらにBをふるい入れ、7割合わせたら残りの2を加えて合わせる。
4 3の一部と溶かしバターを混ぜ合わせ、3全体に加えて合わせる。
5 紙を敷いた天板に4を1.5cmほどの厚さにのばし、200℃のコンベクションオーブンで8分焼く。

フロマージュパータボンブ

材料（作りやすい分量）
マスカルポーネ …… 100g
クリームチーズ …… 50g
卵黄 …… 80g
グラニュー糖A …… 45g
卵白 …… 30g
グラニュー糖B …… 15g
生クリーム（38%）…… 50g

作り方

1 ボウルにマスカルポーネ、クリームチーズを合わせ、室温でやわらかくしておく。
2 別のボウルに卵黄、グラニュー糖Aを合わせて湯煎にかけ、泡立て器でしっかりと立てる。
3 別のボウルに卵白、グラニュー糖Bを合わせ、しっかりとしたメレンゲを立てる。
4 生クリームは七分立てにする。
5 1のチーズをゴムベラで混ぜ合わせる。2を加えて混ぜ、3、4を順に加えてさっくりと合わせ、バット等に流して冷やす。

カフェオレフレークアイス

材料（作りやすい分量）
エスプレッソパウダー …… 20g
生クリーム（47%）…… 10g
牛乳 …… 80g

作り方

1 すべての材料を混ぜ合わせ、エスプーマのディスペンサーに詰める。
2 1を液体窒素を入れたボウルに絞り、麺棒等で砕く。

その他

コーヒーとカカオのパウダー（細かく挽いたコーヒー豆とカカオパウダーを混ぜたもの）

✦ *Assembly* ✦

1 器にドゥミセック不知火、アマレット漬けチョコレート、直径3cmのセルクルで抜いたビスキュイショコラを盛り、さらにフロマージュパータボンブを盛る。
2 全体にカフェオレフレークアイスをかけ、コーヒーとカカオのパウダーを茶こしでふりかける。

柚子×ショコラ×唐辛子

作り方

1 ボウルに卵白を入れてメレンゲを立てる。
2 鍋にグラニュー糖、水を合わせて火にかけ、118℃まで上げてシロップを作り、1に加えてさらに立て、イタリアンメレンゲを作る。
3 2に溶かしたチョコレートを加えて合わせ、薄くのばして食品乾燥機で乾燥させ、砕く。

メレンゲショコラ

材料（作りやすい分量）
卵白 …… 80g
グラニュー糖 …… 90g
水 …… 10g
ブラックチョコレート（グアナラ）…… 50g

唐辛子プラリネショコラ

材料（作りやすい分量）
ミルクチョコレート（ジヴァララクテ40%）…… 200g
粉唐辛子 …… 5g
自家製プラリネ …… 100g（室温に戻す）

作り方
1 ミルクチョコレートを40℃まで温め、粉唐辛子を加えて混ぜる。
2 プラリネと混ぜ合わせ、バットに流して冷蔵庫で冷やし固め、1cm角程度に粗くカットする。

柚子クレームブリュレ

材料（作りやすい分量）
柚子の皮（すりおろす）…… 2個分
牛乳 …… 50g
生クリーム（38%）…… 200g
卵黄 …… 3個
グラニュー糖 …… 49g
自家製柚子チェッロ …… 30g

作り方
1 鍋に牛乳、生クリームを合わせて火にかけ、沸かす。柚子の皮を加えて火を止め、蓋をして5分ほどおき、風味を移し、漉す。
2 ボウルに残りの材料を合わせて混ぜ、1を加えて混ぜる。
3 2をバットに流して100℃のオーブンで40分焼く。粗熱が取れたら冷蔵庫で冷やす。

クレームショコラ

材料（作りやすい分量）
黄柚子の皮（すりおろす）…… 2個
生クリーム（38%）A …… 100g
ミルクチョコレート（ジヴァララクテ）…… 50g
生クリーム（35%）B …… 100g

作り方
1 鍋に生クリームAを入れて火にかけ、沸いたら柚子の皮を加えて火を止め、蓋をして10分ほどおいて風味を移す。
2 ボウルにミルクチョコレートを入れ、1を漉し入れて泡立て器で混ぜ、ガナッシュを作る。
3 生クリームBを六分立てにし、27℃くらいまで冷めた2に加えて合わせる。

ヨーグルトパルフェ

材料（作りやすい分量）
水切りヨーグルト …… 170g
グラニュー糖 …… 20g
板ゼラチン …… 3.7g（水で戻す）
生クリーム（38%）…… 200g

作り方
1 鍋にヨーグルト、グラニュー糖、ゼラチンを合わせて火にかけ、50℃まで温める。30℃まで冷ます。

2 生クリームを五分立てにし、1と合わせる。
3 2をエスプーマのディスペンサーに詰め、保存容器に絞り入れる。
4 3を真空機にかけてふくらませ、冷凍する。

自家製柚子チェロ

材料
黄柚子 …… 15個
ウォッカ（96°）…… 350ml

作り方
1 柚子の皮をむき、そのうち10個分は表皮のみとし、5個分はワタを少し残す。果肉はしぼって果汁を取りおく。
2 1の皮をウォッカにつけ、10日ほどおく。
3 2に1の果汁を加え、ペーパーできれいに漉す。

その他

カカオパウダー、チョコケース（立方体よりもやや高さが低く上部のあいたもの）、飴

𝒜ssembly

1 器にカカオパウダーをふってチョコケースをのせ、その中にメレンゲショコラ、唐辛子プラリネショコラ、柚子クレームブリュレ、クレームショコラ、ヨーグルトパルフェを順に入れる。
2 1の上に飴をのせる。
3 提供時に飴に熱した柚子チェロをかける。

乾燥みかん×パートドフリュイ

みかんのドゥミセック

材料（作りやすい分量）
みかん …… 適量

作り方
1 みかんを食品乾燥機で色づかないようにセミドライ
　にする。50℃で3〜6時間が目安。

みかんパートドフリュイ

材料（作りやすい分量）
みかん果汁 …… 110g　　水飴 …… 20g
HMペクチン …… 25g　　クエン酸1.5g
グラニュー糖A …… 10g　湯 …… 3g
グラニュー糖B …… 100g

作り方
1 鍋にみかん果汁、グラニュー糖Aと混ぜ合わせたペ
　クチン、グラニュー糖B、水飴を合わせてダマになら
　ないように混ぜ、火にかけて混ぜながら107℃まで
　上げる。
2 クエン酸を湯で溶かし、1の炊き上がりに加えて混ぜる。
3 バット等に2〜3mm厚さに流して固め、みかんの大き
　さに合わせた半円に切り出す。

Assembly

1 みかんのドゥミセック3個とみかんパートドフリュイ2枚
　を交互に重ねる。乾燥させたみかんの皮（分量外）に
　紛れ込ませるように盛りつけ、提供する。

すだちのショコラヴァンショーとギモーヴ　赤ワイン風味のショコラショー ライムリーフの香り

ショコラヴァンショー

材料（作りやすい分量）
A [赤ワイン …… 200g
　　グラニュー糖 …… 30g
　　すだち …… 1/2個
　　こぶみかんの葉 …… 2g]
ブラックチョコレート（p.125クール・ド・グアナラ） …… 30g
生クリーム（47%） …… 100g

作り方
1 鍋にAを合わせて火にかけ、沸かしてアルコール分を
　とばす。火を止めて蓋をし、3分ほどおいて風味を移
　し、漉す。
2 ボウルにブラックチョコレートを入れて沸かした生ク
　リームを加えて均一に混ぜ、1を加えてのばす。

すだちのギモーヴ

材料（作りやすい分量）
A [すだち果汁 …… 30g　　グラニュー糖
　　レモン果汁 …… 10g　　…… 20g
　　グラニュー糖 …… 80g　板ゼラチン]
水 …… 25g　　　　　　　　…… 5g（水で戻す）

作り方
1 鍋にAを合わせて火にかけ、104℃まで上げる。
2 水とグラニュー糖は合わせて温め、ゼラチンを加えて
　溶かす。
3 ボウルに1、2を合わせ、ハンドミキサーでしっかり立
　てる。

その他
ハーブのブーケ（こぶみかんの葉、ローズマリーをみかんの葉で包む）、すだち

Assembly

1 ショコラヴァンショーを温めて器に注ぎ、ハーブのブーケ、すだちのギモーヴを添えて提供する。好みでショコラヴァンショーにすだちをしぼったり、ブーケで混ぜてもらうよう勧める。

仏手柑ボンタンアメ

仏手柑ボンタンアメ

材料（作りやすい分量）
仏手柑ピュレ（下記参照）…… 200 g
白玉粉 …… 95 g
水 …… 100 g
グラニュー糖 …… 50 g
粉糖 …… 適量
〇仏手柑ピュレ…仏手柑を適当な大きさに切り、
　　200℃のオーブンで甘い風味が出るまでローストし、裏漉ししてピュレにする。

作り方
1 鍋に白玉粉、水、グラニュー糖を合わせ、ダマにならないように混ぜ合わせる。
2 1に仏手柑ピュレを加えて混ぜ、火にかけて混ぜながら加熱し、透き通るくらいまで練る。
3 2を粉糖を敷いたバットに取り出し、冷ます。粉糖をまぶしてカットする。

人参みかんコンポート

材料（作りやすい分量）
A ┌ 白ワイン …… 100 g
　├ みかん果汁 …… 200 g
　├ オレンジ果汁 …… 200 g
　└ ローリエ、カルダモン、シナモン …… 適量
グラニュー糖 …… 200 g
トレハロース …… 150 g
人参（細いもの）…… 適量

作り方
1 鍋にAを合わせて混ぜ、人参を加えて火にかけ、人参がやわらかくなるまで煮る。
2 グラニュー糖とトレハロースを合わせ、3回に分けて1に加え、そのつど30分くらいずつ弱火で煮て人参の水分を抜いていく。液体につけたまま冷ます。

柑橘索引

柑橘索引

著者紹介

INFINI
東京都世田谷区奥沢7-18-3

金井史章（かない ふみゆき）

INFINIオーナーパティシエ。専門学校卒業後、株式会社ビゴ東京に入社。2009年に渡仏し、三つ星レストラン等で経験を積む。帰国後2011年ビストロ「ブノワ」（東京・青山）にシェフパティシエとして入社。2014年「UN GRAIN」（同）シェフパティシエに就任し、2019年退社。独立後2020年九品仏本店をオープン。同年「Café INFINI」（東京・桜新町）、「INFINI松屋銀座」をオープン。

thé et toi.
岐阜県岐阜市羽根町12-3

古野さつき（この さつき）

thé et toi.オーナーパティシエ。大学卒業後資金を貯め、2009年岐阜でカフェをオープン。その経営の傍ら菓子教室に通い、2016年現店の前身となる菓子店をカフェ内に開く。妊娠出産による休業を経て、2019年現店をオープン。決め事をつくらない素材選びやアプローチで、菓子を通じ幅広い価値観を提案する。

Ensoleillé
京都府京都市上京区栄町359-1 1F

杉江 綾（すぎえ あや）

Ensoleilléオーナーパティシエ。複数の店で経験を積んだ後、「オテル・ド・ヨシノ」（和歌山）でシェフパティシエを務め、2019年から2020年にかけて京都のシェアキッチンで不定期のデザートコースショップをオープン。2020年12月に現在の場所に店舗を構える。生産者とのつながりと素材を大切にした、月替わりのデザートコースとパフェを提供する。

TiTRE
東京都 世田谷区砧7-12-26

小山千尋 (こやま ちひろ)
TiTREオーナーパティシエ。専門学校卒業後、菓子店で経験を積んだ後、独創的なグラスデザートで知られた「Café 中野屋」(東京・町田)に入店。2019独立開業。フランス菓子の技術をベースとするが、アメリカ、イギリスなどのカジュアルな菓子も得意。旬の素材を使い、「日常を豊かにするおいしさ」を提供する。

SUMI BAKE SHOP
神奈川県相模原市緑区橋本6-19-1
ルート橋本ビル4F

山中さよこ (やまなか さよこ)
SUMI BAKE SHOPオーナーパティシエ。大学で絵画を学び、卒業後、神奈川のカフェで菓子作りを担当。絵画に通じる表現の可能性を製菓に感じ、のめりこむ。その後「Organ」(東京・西荻窪)に入店し、料理とデザートの修行をする。2020年独立開業。旬の素材をふんだんに使った菓子にファンが多い。

unis
東京都港区虎ノ門1-23-3
虎ノ門ヒルズガーデンハウス1F

江藤英樹 (えとう ひでき)
unisシェフパティシエ。専門学校卒業後渡仏し、「L'OASIS」(ラナプール)等で修業。帰国後「BEIGE Alain Ducasse TOKYO」(東京・銀座)で経験を積み、「DOMINIQUE BOUCHET TOKYO」(同・銀座)「SUGALABO」(同・神谷町)「THIERRY MARX」(同・銀座)等でシェフパティシエを歴任。2020年現職及び「Social Kitchen TORANOMON」プロデューサーに就任。2021年自身のスイーツブランド「PAYSAGE」を立ち上げる。「素材の一番のおいしい瞬間」をデザートで表現する。

Social Kitchen
TORANOMON
東京都港区虎ノ門1-23-3
虎ノ門ヒルズガーデンハウス1F

上妻正治（こうづま まさはる）
Social Kitchen TORANOMONパティシエ・
ショコラティエ。専門学校卒業後、「パティス
リーキャロリーヌ」（東京・練馬）、「クリオロ」（東
京）を経て、パティスリーにてシェフパティシエを
務める。ジャパンケーキショーにて計3度の金
賞受賞、World Chocolate Masters国内予選
ピエスモンテ部門1位、総合3位など受賞多数。

生井祐介（なまい ゆうすけ）
Odeオーナーシェフ。音楽の道
を志す中、料理の魅力に惹かれ、
フランス料理店に入店。「ウルー」
（軽井沢）、「シックプッテートル」
（東京・八丁堀）のシェフを務め、
2017年独立開業。意外性とナ
チュラルさを独自のバランスで料
理・デザートに落とし込む。本書
ではメニューのディレクションを
担当。

軽井沢ホテルブレストンコート
長野県北佐久郡軽井沢町星野

厚東宣洋（ことう のぶひろ）
星野リゾートシェフパティシエ・料飲アドバイザー。大学卒業後専
門学校に進学し、卒業後辻製菓専門学校の教員として11年勤務。
2013年に星野リゾート入社。同ホテルのシェフパティシエを務めな
がら日本各地の食材生産者を訪ね、全国の星野リゾートグループ
施設の菓子や飲料を開発する。

Ode
東京都渋谷区広尾5-1-32 ST広尾2F

木村琢朗（きむら たくろう）
Odeシェフパティシエ。専門学校卒業後、
「サダハル・アオキ・パリ」（東京）に入店し、
テイクアウト向けの菓子と皿盛りデザート
を経験。デザートに強い魅力を感じ、2017
年Odeのオープニングスタッフとして入店。
生菓子、焼き菓子の製造経験を生かした丁
寧な味作りでOdeのデザートを支える。

kiki Harajuku
東京都渋谷区神宮前6-9-9 アヴニール表参道 1F

野田雄紀（のだ ゆうき）

kiki harajukuオーナーシェフ。専門学校卒業後、静岡県のフランス料理店で働き、その後東京、パリのフランス料理店で3年ずつ経験を積む。2011年独立開業。2020年に1年間和食店で研修し、うまみの使い方、素材の生かし方を学ぶなど、さまざまな経験を自身の料理に取り入れている。

Florilège
東京都渋谷区神宮前2-5-4 SEIZAN外苑B1

堀尾美穂（ほりお みほ）

Florilègeシェフパティシエ。専門学校卒業後、都内の結婚式場でパティシエとして勤務し、フランス菓子の基礎を習得。その後パティスリーやカフェに勤務し、2015年より現職。2021年よりかき氷などを提供する「こおりとあずき」シェフパティシエ就任予定。

L'atelier à ma façon
東京都世田谷区上野毛 1-26-14

森 郁磨（もり いくま）

L'atelier à ma façonオーナーシェフ。専門学校卒業後「ホテルニューオータニ東京」入社。2004年うどんとパフェの店「Café 中野屋」（東京・町田）の店長に就任し、独創的なグラスデザートを多数発表。強い支持を受ける。2019年独立開業。旬の素材と様々な形状のグラスを用い、最後の一口までストーリーのあるデザートを追求する。

撮影：横田裕美子（INFINI、Social Kitchen TORANOMON、unis）、松本郁子

デザイン：望月昭秀＋境田真奈美＋村井秀＋吉田美咲（NILSON）

編集：松本郁子

取材協力・監修（p.6〜16）

紀州原農園
和歌山県田辺市上秋津932-3

型協力（p.87）

有限会社サカタモールド
新潟県燕市桜町14-2
☎ 080-9984-2979

食材協力（p.88、90 スタジオオオカムラ）

はるのTERRACE
高知県高知市春野町広岡下2869-1
☎ 088-850-3113
http://www.harunoterrace.co.jp

写真協力（p.6〜15黄金柑、清見、バレンシアオレンジ、柚子）

果物ナビ
https://www.kudamononavi.com

主要参考文献（p.6〜15）

『柑橘類と文明』ヘレナ・アトレー（著）三木直子（訳）築地書館,2015
『レモンの歴史』トビー・ゾンネマン（著）高尾菜つこ（訳）原書房,2014
『オレンジの歴史』クラリッサ・ハイマン（著）大間知知子（訳）原書房,2016
『柑橘の教科書』広井亜香里（著）NPO法人柑橘ソムリエ愛媛,2020
『核とオルガネラゲノムのDNAマーカー解析から推定されたカンキツ品種の雑種起源』清水徳朗、北島宣、野中圭介、吉岡照高、太田智、後藤新悟、豊田敦、藤山秋佐夫、望月孝之、長崎秀樹、神沼英里、中村保一（著）,2016

風味を活かした焼き菓子、生菓子から、ジャム、パフェ、かき氷、デザートまで。

日本の柑橘品種図鑑付き

柑橘のお菓子とデザート

2021年10月23日　発行	ND596
2022年7月1日　第2刷	

著　　者　　江藤英樹、金井史章、木村琢朗、生井祐介、
　　　　　　上妻正治、厚東宣洋、古野さつき、小山千尋、
　　　　　　杉江綾、野田雄紀、堀尾美穂、森郁磨、山中さよこ

発　行　者　　小川雄一

発　行　所　　株式会社 誠文堂新光社
　　　　　　〒113-0033 東京都文京区本郷3-3-11
　　　　　　電話 03-5800-5780
　　　　　　https://www.seibundo-shinkosha.net/

印刷・製本　　図書印刷 株式会社

Ⓒ SEIBUNDO SHINKOSHA Publishing Co.,LTD. 2021　　　　Printed in Japan

ISBN978-4-416-52186-1